towanda!
EDICIONES

ÁGATA SZÉKELY

* * *

FREELANCE

GUÍA PRÁCTICA PARA UNA VIDA SIN OFICINAS

towanda!
EDICIONES

towanda!
EDICIONES

FREELANCE,
GUÍA PRÁCTICA PARA UNA VIDA SIN OFICINAS

Primera edición, 2015.

Ilustración de tapa: Imagen de stock.

Diseño editorial: Libros Invisibles, servicios editoriales.
informes@librosinvisibles.com - 33 1482 2765
www.librosinvisibles.com

ISBN-13: 978-1522716488 | ISBN-10: 1522716483

Disponible en Amazon.com
Disponible en ebook.

Esta obra se terminó de imprimir en diciembre de 2015.
Se hizo un tiraje OnDemand y ebook para Amazon y sus distribuidores.

ÍNDICE

A LOS INADAPTADOS LUMINOSOS QUE ABREN CAMINOS.

A LOS QUE ATRAPADOS EN EL TRÁFICO PLANEAN FUGAS FRUCTÍFERAS.

A MAMÁ, POR EDUCAR CON EL EJEMPLO PARA EL "TERCER PRINCIPIO".

A S., PORQUE CREE QUE SAM GAMYI MERECERÍA MÁS RECONOCIMIENTO (Y TIENE RAZÓN).

"LIVE YOUR LIFE,

LIVE YOUR LIFE,

LIVE YOUR LIFE"

MAURICE SENDAK

INTRODUCCIÓN

LA CANASTA DE LOS HUEVOS DE ORO O POR QUÉ SOY FREELANCER

Mi mamá tenía una canasta de mimbre, sólida y rectangular con una trenza gruesa en el borde donde llevaba, a lo largo de los años, diferentes cosas para vender. Podían ser panes integrales, mermeladas, frascos de vidrio rellenos de granos de lavanda con una gasa y un cinta, milanesas de soja. Vivíamos en una comunidad serrana y turística, donde mansiones con jardines increíbles convivían con casas pequeñas e improvisadas de pobladores de siempre e integrantes del movimiento "back to the land" recién llegados de la ciudad que buscaban una vida más artesanal o "fuera del sistema" (whatever that means). Ella solía tocar puerta por puerta para ofrecer sus productos y en general vendía, poco o mucho, no recuerdo alguna vez en que no se vendiera "nada".

—¿Y si no hay nada para vender?, le pregunté una vez:

—Siempre hay algo—me dijo. Por ejemplo, ¿ves esas flores?— señaló en el jardín, salvaje él: diferentes plantas silvestres, especie de siemprevivas, que suelen teñirse y venderse secas para decoración. No, no dijo: "Hija mía, algún día todo esto será tuyo", ☹. Dijo:

—Bueno, las acomodás en un ramo dentro de un celofán con un moño, llenás "la canasta" y salís a vender.

Un día hace 20 años, me acuerdo como si fuera hoy, y no sé a cuenta de qué, apoyó la canasta de la trenza sobre la mesa de madera y dijo:

—La gente te envidia los huevos. No te envidia la casa, ni la plata, te envidia que te atrevas a hacer otra cosa, que te animes a decir "no quiero" "no quiero hacer lo que todos hacen".

¿Será? Pensé en aquel momento y después me olvidé. Era joven e intentaba sobrevivir. Mientras estudiaba, acepté cualquier trabajo que pagara universidad, casa y comida. Rellené churros a las 5 de la mañana, metí datos en computadoras, sellé papelitos en una oficina. Dormía 5 horas, tomaba sopas sintéticas y rentaba cuartos en casas de viejas chismosas. Sabía que tenía que "aguantar" hasta alcanzar la meta: graduarme. Pero no aguanté. El lugar donde trabajaba –un laboratorio de análisis clínicos donde las recepcionistas se creían Julia Roberts en *Pretty Women* (con todo y botas hasta los muslos) y una compañera ponía la radio de éxitos de cumbia de ocho a cuatro, había sido un recurso decente para ganarme la vida durante un tiempo pero no lo soportaba más. Una mañana antes de salir me dio una tortícolis fulminante mientras me ponía una camiseta. No podía mover el cuello para ningún lado, ni decir ni sí ni no. Faltaban unos meses para terminar la carrera. Renuncié. No fue lo más práctico que pude haber hecho (el par de meses que siguieron fueron bastante difíciles), pero, simplemente, no podía seguir. Recuerdo las críticas y el miedo. La sensación que te envuelve cuando vas y le decís a quién corresponde: "me voy". El escalofrío que recorre el cuerpo, el temblor en las piernas. Y luego, el alivio. Oh, pensé, con esta incertidumbre enfrente no debería sentirme bien. Pero me sentía bien. *¿Será algo así lo que sienten los que hacen jumping desde un puente?* Una abuela me dejó de hablar, tachándome de irresponsable. La otra, en cambio, me guardó galletas, y cajitas de mermelada –como esas que dan en el avión– y largo tiempo me alimenté de esos, los carbohidratos vacíos menos vacíos de la historia. En breve conseguí otro trabajo, esta vez vinculado con los medios (claro que no presentaba un noticiero, era la que cargaba los muebles para que tomaran fotos en una revista de decoración). Pero ya más cerca del ambiente, pude hacer contactos y relaciones. Pasaron los años, trabajos en nómina –pocos y breves– colaboraciones, un país en crisis y la migración de Argentina a México. Aquí, un lugar más estable, los empleos "fijos" eran más posibles y deseables. Luego de varias vueltas, llegué al DF para el trabajo soñado. Una revista con un equipo genial, presupuesto de sobra –eso decían ellos, luego quebraron–un premio Nobel en la dirección, una maravillosa Mac colorada que yo misma saqué de la caja, un lindo edificio de colores preciosamente mexicanos con una fuente en el medio, vales de despensa, etcétera. Creí estar *top of the world* por….dos meses. Luego, el príncipe se volvió sapo. Un sapo que nadie podía por supuesto, osar nombrar. Era lo que "todo el mundo" quería. Pero yo no. No eran las grillas o desacuerdos típicos las que me desalentaban, ni siquiera que la publicación no fuera lo brillante que se esperaba. Lo peor era…ir. Cada mañana viajaba desde Coyoacán hasta Santa Fe. (para los que no conocen el DF mexicano es un trayecto que atraviesa la ciudad) *¿Por qué esa costumbre de poner tan lejos las oficinas editoriales? ¿Les resulta glamoroso atascarse cada mañana en el tráfico?* Los frenos constantes por la lentitud del tráfico y el *smog* de los camiones me daban ganas de vomitar. Me parecía anormal e inhumano empezar el día así, pasar –en el mejor de los casos– una hora de ida y otra de regreso en esas condiciones, y me sigue pareciendo. Trataba de leer, de pensar positivo, pero me superaban las partículas suspendidas. Exagerada, decían todos. Bueno, quizás.

Renuncié otra vez. Otra vez el escalofrío, la culpa ¿cómo vas a dejar algo así? ¿Cuántos quisieran estar en tu lugar?

Esa semana, sin ningún cambio de dieta o ejercicio, bajé cuatro kilos.

Luego de viajes y vueltas, empecé a ser *freelance** en México. Escribía aquí y allá, me gustaba, las pagas eran pocas y demoradas, el dinero escaseaba, y cuándo la editora de una de las revistas en las que colaboraba me invitó a ser "fija", acepté. Me hicieron pruebas para ver si era apta para el puesto y puse lo mejor de mí. Dije que quería llegar a editora, que no tendría hijos y lo que más me importaba en la vida era la revista (todavía tenía en mi mente juntas como la del final de *Going 30*). Era verdad.

Sin embargo, la empleada de recursos humanos, hábil ella, en alguna entrelínea detectó señales más profundas de mi perfil y le comentó a mi próxima jefa que yo "era muy *freelance*". Mi jefa me contrató igual porque...ella también lo era. Me puse tacones por una semana (amo los tacones, pero no de ocho a cinco). Escribía media revista y lo disfrutaba pero, al igual que la ocasión anterior, los traslados me exprimían el alma.

La editorial era – es – un buen lugar para trabajar, con salarios competitivos, jardín, gente con lindos vestidos pero, un cubículo es un cubículo.

Me empecé a enfermar. A pedir permiso para escribir desde casa. Para trabajar afuera, en el patio. Era como Heidi cuando tuvo que vivir en la casa de Clara. Sentía frío todo el tiempo. No tenía problemas con el trabajo. De hecho, me encantaba. Solo no quería hacerlo ahí. Pensé en renunciar. Pregunté a un par de colegas que opinaban.

—No lo hagas, dijeron.

Aproveché unas restructuraciones para irme. Esta última vez no tuve tanto miedo. Fue algo bueno, las autoridades de la editorial me apoyaron y recomendaron a otras revistas. El mundo freelance se abrió. Esa tarde me tomé algunos whiskies (fueron 7 pero me recuerdo lucidísima, que bebida noble). Ese fin de semana volé en parapente.

Esto fue hace casi diez años. Nada fácil el recorrido. Altas y bajas. Incertidumbre y aprendizaje. ¿Soy más feliz?

Absolutamente sí.

¿Volvería a hacerlo?

También.

Sé que esta aventura no es para cualquiera, y que a algunos pueden sentarle mejor otras reglas. Considero también que mi opinión y circunstancias pueden cambiar (todo lo hace). Sin embargo, escribo este libro porque creo que la vida freelance es una opción fructífera, feliz y con futuro. También creo que mi experiencia puede ahorrarles un par de tropiezos a quienes quieran seguir un camino similar. Quiero contarles a quiénes tal vez no lo sepan que trabajar fuera de una oficina y prosperar es posible y tiene muchas ventajas. En mi caso, soy freelancer:

1. Porque no quiero separar mi vida de mi trabajo, no veo las horas escribiendo artículos como un sacrificio que debo hacer para pagar el resto de mi tiempo, intento que mis

horas sean un espacio indivisible: un ecosistema, algunas veces más disfrutable, otras de más esfuerzo, pero siempre conectado al sentido "deja que tu vocación sea tu vacación".

2. Porque me gusta trabajar en mi casa-estudio, decidir, en lo posible, la forma del ambiente que me rodea, la temperatura, la decoración, lo que se ve por las ventanas, acariciar a mis gatas.

3. Porque detesto levantarme temprano. Me gusta despertar sin sueño, administrar mi energía, condensarla e ir muy rápido, o ir despacio, de a ratos. Y escribir de noche, en el silencio, tomando vino y bailando Springsteen en entretiempos, para evitar contracturas.

4. Porque puedo hacer distintos trabajos para distintos medios, y así aprendo, no me aburro, no me estanco, me especializo, me diversifico, crezco.

5. Porque puedo decidir si en algún momento, NO quiero hacer determinada tarea.

6. Porque puedo viajar cuando se presenta la oportunidad sin faltar a horarios ni obligaciones.

7. Y puedo aprovechar las ofertas de viaje en temporada baja (en general los que tienen trabajos "normales" no pueden)

8. Si salgo de la ciudad por unos días puedo elegir cuando, y no necesito atascarme en las casetas cuando todos salen.

9. Porque no pierdo las 4 horas promedio en el tráfico o en el

transporte público que una mayoría pierde cuando trabaja en relación de dependencia.

10. Porque me da tiempo para hacer ejercicio, puedo correr ni tan temprano ni tan tarde, o ir al gimnasio en horarios en los que no estén todas las máquinas ocupadas.

11. Porque, de vez en cuando, puedo tomarme el día para hacer el jardín, o pintar una silla, o porque viene un amigo de improviso.

12. Porque puedo darme el tiempo para recuperarme si estoy enferma.

13. escribir panza abajo cuando tengo cólico.

14. emborracharme un miércoles.

15. Porque creo que la escritura es un trabajo solitario y soy más creativa en un ambiente elegido por mí.

16. Porque, si no debo ir todos los días a la oficina, puedo vivir en las afueras, pagar menos de renta y respirar aire puro.

17. Porque gasto menos. En transporte, en comida, en ropa.

Hasta aquí todo muy lindo, dirán. Pero ¿Y los meses flojos? ¿Y la seguridad? ¿Y si te pasa algo tienes una emergencia? ¿No es DEMASIADO riesgoso?

Hay modos de organizarse para que eso no sea un problema, o al menos un problema no mayor que el que se tendría si uno estuviera en nómina. De eso hablan estas páginas.

Pero volvamos al principio. Ahora sé que sí. Aunque siempre hay excepciones, con mi experiencia como testimonio, podría asegurarlo. La gente te envidia (y, obvio, no es que esto sea algo deseable. Por mi parte, no deseo que me envidien sino que sean felices y contagien su felicidad, díganme cursi). La gente –aunque no toda se anime a copiarte– te envidia la LIBERTAD. Mi teoría es que las personas saben, intuitiva, subconscientemente, que es deseable. Que vale la pena. Muchos te tiran mala onda. Antoine de Saint Exupery decía: *toda superación es un exilio*.

En la actualidad el trabajo independiente está en el centro de la escena y las discusiones, Un tercio de los trabajadores de Estados Unidos son *freelancers*. La cifra sube en todas las grandes ciudades y también aquí. Para algunos es algo preocupante, alarmante, consideran que esta modalidad sube porque bajan los empleos tradicionales. Yo creo que es una buena oportunidad de construir, individual y colectivamente más fecundas alternativas de sustento. Mientras escribo esto centenares de comentaristas dejan su opinión en un artículo del polémico Pulitzer Thomas Friedman en el *New York Times* llamado *¿Need a job? Invent it* (1) (mamá tenía razón). Cada vez más estudios indican que la vida *freelance* es más saludable y feliz. No son los resultados de la autonomía lo que atrae la felicidad a un ser autónomo, sino la chance de diseñar el propio estilo de vida y tomar decisiones, de acuerdo a sus prioridades, necesidades, deseos y propósitos. Trabajar por cuenta propia es también un ejercicio de autoestima, un voto de confianza en uno mismo (que no tiene porqué brotar espontáneamente, puede aprenderse). Y sí, en algún punto, como decía mi mamá, se trata de *huevos* (de atreverse y de saber manejar la canasta, en la supervivencia y en la abundancia). Se trata también de valentía, creatividad, flexibilidad, competencia, capacidad de innovar, de pescar oportunidades, tomar las riendas del propio desarrollo, de experimentar el *carpe diem (¡Aprovecha el día!)*. La palabra clave cuando hablamos de vida *freelance** es, justamente: vida.

---

* *Uso freelancer y freelanceo como sustantivo, freelance como sustantivo o adjetivo según el caso, y freelancear como verbo. Aún la RAE no lo acepta, creo. Ya lo hará.*

CAPÍTULO 1

INSTRUCCIONES PARA NO ODIAR LOS LUNES

WHERE DOES THE ANSWER LIE?/LIVING FROM DAY TO DAY/IF IT'S SOMETHING WE CAN'T BUY/THERE MUST BE ANOTHER WAY.

THE POLICE

¿No te gustaría ir a trabajar ocho, nueve horas seguidas en cualquier cosa y a la noche estar tan pero tan cansada que no puedas ni pensar y solo te quede cerebro para ver tele y dormirte? La pregunta es real, me la hizo una amiga hace más de diez años cuando hablábamos de la posibilidad de entrar a un trabajo equis. Yo la miré con incredulidad. Lo decía en serio. No es mi intención juzgar a nadie, cada persona elige en mayor o menor medida qué hacer con su tiempo y con su vida y de qué manera prefiere freírse las neuronas. (Entiendo además que mucha gente deba tomar un empleo cualquiera por necesidad y lo respeto. Sin embargo, este libro se trata de explorar opciones que nos hagan más felices). Cuando lo dijo y me imaginé la situación (levantarme para ir cada mañana a ese lugar, pasar el día entero allí) me corrió un escalofrío por la espalda. Y, luego, una sensación de culpa e inadecuación. ¿Hay algo mal conmigo? ¿Soy una inadaptada? ¿Debería desear eso? ¿Es lo que tengo que querer, lo que quiere –supuestamente– todo el mundo?

Todavía hay un manto de sospecha ante quiénes se rebelan a ganarse la vida de un modo alternativo. "Me siento inmaduro", confesó hace poco Piolo, un escritor y comediante que decidió años atrás convertirse en *freelancer*. Pese a ser más feliz y exitoso como es –tiene un libro publicado, hace *shows* de improvisación y *stand up* bilingües, además de escribir en varios medios nacionales– siente todavía la presión de los que dicen que si no vas a una oficina y recibes un cheque siempre el mismo día cada quincena, no es trabajo. Con su gato encima y su perro chismeando a un costado (una de las razones por las que más le gusta trabajar por su cuenta es poder estar con ellos) me contó que en su último trabajo de planta permaneció sólo una semana y decidió renunciar, ya que su entorno se dedicaba más a la "grilla" que a las tareas en sí. Cuando trabajaba en nómina, cuenta Piolo, "gastaba hora y media de ida y la hora y media de vuelta para ir a la oficina. Eso más el encierro, esa sensación de estar atrapado, los cubículos, tanta gente tan cerca, me empezó a generar mucha ansiedad. Entonces intenté generar otro tipo de vida, era muy difícil pero al final lo logré".

¿Qué sienten de verdad en secreto aquellas personas que van a trabajar a una oficina cada día? El asunto es muy complejo y las variables son muchas más que las que contemplan si el empleo es un teletrabajo o es *insitu* o si alguien pertenece a una empresa o solo colabora con ella, pero veremos que estos son factores clave. Y ya que estamos antes que nada preguntemos ¿Qué tanta de la gente que trabaja es feliz?

UNO DE CADA CINCO

La encuestadora Gallup realizó una investigación en 150 países, con una muestra representativa del 98 por ciento de la población mundial. Ante la pregunta ¿le gusta lo que hace cada día? Sólo una de cada cinco personas respondió que sí. El estudio contempló cinco aspectos del bienestar: social, físico, financiero, comunitario y laboral. Este último es, según los expertos, el más importante de los cinco: sucede que a la hora de medir el bienestar, no es posible poner lo que hacemos cada día durante tantas horas "fuera" de la vida en general como si tener un horario determinado no afectara el resto de las horas vividas. No se abre un paréntesis cuántico que borra lo que sientes desde que entras a trabajar a las 9 y se cierra a las 5, cuando sales. ¿Hay ventanas? Cuenta. ¿Hay luz artificial? Cuenta. ¿Estás dedicándote a ser lo que siempre quisiste o nada más lo haces por la lana? Sea lo que sea, cuenta. ¿Estás dos-tres horas al día atascado en un tráfico imposible o aplastada como una sardina en el metro? Cuenta. ¿Haces "horas nalga"? Cuenta, y hasta puede ser perjudicial para la salud.

Sabina, gerente de innovación de una empresa editorial cuenta sus sensaciones y reflexiones:

“Paso de 8 a 5 sentada frente a un monitor tratando de justificar cada hora que pasa y no digo que no tenga nada que hacer, pero el trabajo efectivo se reduce a tres o cuatro horas como mucho, porque hago un trabajo creativo, el resto de las actividades son mera burocracia para matar el tiempo. Miro por la ventana y pienso en la plata extra que podría hacer en esas cuatro horas restantes si fuera freelance. También podría invertirlas en leer un libro o sencillamente podría salir y tomar el sol o hacer el ejercicio que tanta falta me hace.

Un amigo cercano, afirma que somos pobres antes de cumplir los 40 porque le vendemos todo nuestro tiempo productivo a un empleador por un sueldo fijo y eso nos impide desarrollar otras actividades y crecer económicamente hablando. Cuando lo escucho desde lo más profundo de mi alma se revela una idea: vendemos barata nuestra felicidad, primero porque si te quedas muchos años te acostumbras a cuidar una silla más que a disfrutar tu trabajo y segundo porque un horario estricto te impide hacer lo que más te gusta. Vendes tu tiempo al precio que te pagan no al que realmente vale. Esta es la cruda verdad: la seguridad de un cheque quincenal sale muy cara.

Reconocer esto —aunque suene a justificante— me quita la culpa por escribir mi novela en horas de oficina, pero sobre todo, me dan unas ganas locas, tremendas, de plantar mi renuncia y ser libre otra vez.”

(Update: a la fecha de publicación de este libro, Sabina ya trabaja por su cuenta <3)

LA MEDIA DE LA VIDA PROFESIONAL ES DE 30 AÑOS. (72 MIL DÍAS LABORABLES), EL 43 POR CIENTO DE TU VIDA.

FLUIR O NO FLUIR, THAT'S THE QUESTION

Se ha demostrado que las personas a quienes su ocupación habitual no "llena" lo suficiente son más propensas a sufrir depresiones y síntomas de angustia. El psicólogo Mihaly Csikszentmihaly, reconocido pionero en la psicología positiva (aquella que se enfoca en el estudio científico de las fortalezas ni no las debilidades humanas) denominó "flow" (flujo) a la experiencia en que la que la dedicación intensa a una actividad cautiva la atención y hace que el tiempo se detenga. Para su exhaustiva investigación, el doctor Mihaly entrevistó 20 mil individuos de diferentes profesiones alrededor del mundo. Por regla general, las personas se sentían más felices durante una actividad absorbente que cuando dedicaban las tardes o los fines de semana a no hacer nada. De acuerdo a las investigaciones de la neuropsicóloga Nilli Lavié, profesora de Psicología y Ciencias del Cerebro de la Universidad de Londres, Inglaterra, para que el "flow" funcione la tarea no debe ser "ni demasiado fácil ni demasiado difícil". Esto es porque cuando decae la atención –si la tarea está por debajo de nuestras posibilidades– disminuyen también sustancias felices generadas por los neurotransmisores, como la dopamina. Cuando la ocupación, en cambio, nos supera, produce frustración y sensación de desvalimiento.

EL CUERPO EN EL CUBÍCULO

IN AN ARTIFICIAL WORLD, ONLY EXTREMISTS LIVE NATURALLY.

PAUL GRAHAM

En *La fórmula de la felicidad* el biofísico Stefan Klein explica que los controles de los pensamientos, intenciones y sentimientos se hallan conectados en el cerebro y es más fácil que se instalen los pensamientos negros cuando la mente está ociosa [(1)]: la estrategia de Sabina de ocupar su tiempo libre en la escritura de su novela era algo saludable. Un estudio comparó (monitoreando sus estados de ánimo, su ritmo cardíaco y sus niveles de cortisol durante sus horas de oficina) a un grupo de empleados que estaban muy involucrados en su tarea con otros que no lo estaban. Aquellos que se involucraban activamente en lo que hacían estaban más contentos e interesados, mientras que los que no, experimentaban niveles mayores de estrés y solo mostraban buen humor cuando se acercaba la hora de irse. (2)

Más datos apuntan contra las costumbres oficinescas e indican que sería el momento de dictaminar el fin de las jornadas de ocho horas. Las investigaciones muestran que trabajar esa cantidad de tiempo en continuo disminuye la productividad y afecta la salud. El sistema que propone usar un tercio del día para trabajar se creó durante la revolución industrial (fue Henry Ford el primero en implementarlo en sus fábricas) pero ya está probado que no es el ideal para el desempeño laboral (un sondeo reciente señaló, por ejemplo, que Holanda, Alemania y Bélgica con jornadas laborales más cortas, presentan mayor productividad por hora trabajada que el resto de los países). Las nuevas sociedades creativas se benefician menos aún con la costumbre del "9 a 5" ya que el cerebro solo puede estar enfocado y atento a lo largo de 90-120 minutos, luego necesita descansos de unos 20 o 30 para volver a empezar. Una jornada laboral de ocho horas (y más si le sumamos el tiempo que demoramos en llegar a la oficina y volver a casa) restringe el tiempo que las personas pueden dedicar a actividades necesarias para la salud física, emocional y mental. Permanecer cuarenta horas semanales sentados en un cubículo (y solo salir para comer) expone a los empleados al estrés, al sedentarismo y habitualmente a la mala alimentación, deja poco tiempo y energía para el ejercicio y roba horas de sueño, lo que, a su vez, incide en más estrés. Según una investigación del Colegio Universitario de Londres, trabajar más de 8 horas puede elevar tres veces el riesgo de depresión. [3]

¿QUÉ VES DESDE LA OFICINA?

Estudios de neuroarquitectura –ciencia que evalúa y respalda las conexiones entre las características de un ambiente y como éstas inciden en los procesos cerebrales, el ritmo cardíaco, la respuesta hormonal, la presión sanguínea y el sistema inmune de las personas–documentan el impacto de que existan vistas agradables desde una oficina, y qué sucede cuando, en cambio, los empleados están rodeados de cemento. Una investigación realizada en Wellington, Nueva Zelanda, con trabajadores del *National Institute of Water and Atmospheric Research* (NIWA) de esa ciudad, concluyó que existe una relación positiva entre las vistas naturales del sector en el que trabajen y el bienestar de los empleados. Según el estudio, quienes tenían vista al océano alegaban una mejor percepción de su salud y un mejor humor, que los que tenían sus escritorios junto a ventanas con una vista urbana. Los colores que ofrecían las vistas –como azules y verdes– así como la luz natural del sol, eran las variables críticas, dijeron los científicos.

Otras investigaciones han sugerido que ambientes poco estimulantes grises y despojados sin luz natural, como los cubículos, donde se realizan actividades repetitivas sin posibilidad de juego o creación, incluso podrían detener por completo el nacimiento de nuevas neuronas (lo que se conoce como neuroplasticidad).

Klein también asegura en su investigación que la posibilidad de tomar decisiones y elegir asuntos cotidianos –incluso cosas mínimas como comidas o fechas y horarios para realizar responsabilidades– hace a las personas más felices, saludables y longevas. Decidir cuándo trabajar –el momento en el que se realizará la tarea– también es clave. Hace un año el *Journal of Health and Social Behavior* publicó otro estudio de la Universidad de Minnesota que mostró que el trabajo flexible promueve una mejor salud. Los investigadores encuestaron más de 600 empleados antes y después de la implementación de la iniciativa *Results Only Work Environment* (ROWE). Aquellos trabajadores que podrían cambiar lugar y horario en sus tareas sin consultarlo con un jefe mostraron una mejor calidad y cantidad (52 minutos más) de sueño, mayores niveles de energía y sensación de salud en general y menores niveles de estrés. Además reportaron una reducción del conflicto vida o trabajo. [4]

El hecho de tener que obedecer a un jefe también impacta en el bienestar integral del empleado: depender de otros, sin poder hacer elecciones sobre nuestras vidas, es una de las cosas que más estresa y hace infelices a las personas. Y hay quienes dicen que esto está relacionado con cuestiones biológicas y evolutivas.

LEONES SALVAJES, LEONES ENJAULADOS

Tener un jefe no es recomendable para una óptima salud mental sugiere Paul Graham, gurú del emprendimiento y las nuevas tecnologías –doctor en Ciencias de la Computación en Harvard y creador de más de 450 *start-ups*– en su ensayo *You weren´t meant to have a boss.* Según él, después de trabajar con unos 200 emprendedores que se habían lanzado a fundar una empresa por su cuenta, notó una gran diferencia entre ellos y los que hacían el mismo trabajo, pero para grandes corporaciones. Graham aclara que no es que los fundadores de empresas *start-ups* sean exactamente más felices: "ellos son más felices en el sentido en que tu cuerpo es más feliz corriendo una carrera que sentado en el sofá comiendo donas" –explica. El científico hace un paralelismo entre los leones que vio en su hábitat natural en sus viajes por África con los que observó en el zoológico: "Los leones salvajes parecían estar diez veces más vivos. Eran como animales diferentes. Sospecho que trabajar para uno mismo sienta mejor a los humanos de la misma manera que vivir en la selva sienta mejor a un predador de amplio rango como un león. La vida en el zoo es más fácil, pero no es para lo que estamos diseñados". (5) ¿Nos daña la "facilidad" de una oficina? Más versiones lo aseguran. En 2002 la *National Recreation and Park Asocciation* publicó un artículo con título algo alarmante: *Boring Jobs Kill* (Los trabajos aburridos matan) en el que menciona un estudio de la Escuela de Salud Pública de la Universidad de Texas (6) que indicó que los trabajadores que tenían empleos poco demandantes con poco control sobre el trabajo presentaban un riesgo 35 por ciento mayor de morir en un período de 10 años, que aquellos que tenían la oportunidad de tomar decisiones en trabajos desafiantes. (Sí, claro, hay excepciones. No, claro, no pienso que vaya a caerte un rayo fulminante o una desventura fatal tipo *Final Destination* por estar un tiempo en un cubículo).

Para Graham, el quid de la cuestión tiene que ver con la estructura de las corporaciones, grupos tan grandes como los que forman las empresas son antinaturales (de acuerdo a parámetros evolutivos) y cuanto más gente hay "por encima" de un empleado (jefes, subjefes, gerentes y "lics" varios) menos libertad –creativa, de decisión– se tiene.

Otras investigaciones en esta línea comparten estas premisas. Robert Sapolsky, una eminencia científica, profesor de biología y neurología en la Universidad de Stanford en California, autor de *¿Por qué las cebras no tienen úlcera?*, estudió babuinos (que de acuerdo a él son un buen modelo para investigar este asunto), e indicó que cuanto más bajo se está en el nivel social, más estresado e infeliz se encuentra un individuo y peor es su salud. En la oficina, al revés de lo que se suele creer, quien más se estresa no es quién está en el puesto más alto, si no los subordinados. Según Sapolsky, lo más estresante es tener mucha responsabilidad y poca autonomía. [7] Incluso un pequeño aumento en la capacidad de autodeterminación puede aportar una satisfacción muy grande. Las investigaciones con humanos coinciden. Entre más de 10 mil funcionarios británicos se demostró que cuanto más abajo está alguien en una jerarquía laboral peor es su salud [8]. Los expertos concluyeron que estos resultados no se debían a la falta de dinero o acceso a doctores y medicina, sino que era crucial la impotencia y la ausencia de la capacidad de decidir en diferentes asuntos o el momento del descanso [9].

AL PEDIR VACACIONES, 39% DE LOS TRABAJADORES MEXICANOS VE EN RIESGO SU PUESTO DE TRABAJO. (OCC MUNDIAL)

Las nuevas generaciones, los llamados "Millenials" o generación Y, nacidos entre 1982 y 2001, parecen haberse percatado de esto y asumen el hecho de trabajar por su cuenta como un beneficio que acompaña de manera natural las nuevas tecnologías. La encuesta *The Millennial Survey New Attitudes Towards Finding Jobs and Working in Today's Market*, –realizada por la empresa de mercado freelance Elance– indicó que la actitud sobre el hecho de conseguir empleo ha cambiado notablemente. Una amplia mayoría, el 83 por ciento consideró positivo y una estrategia para su carrera ser *freelance* contra un 27 por ciento que prefirió el trabajo *fulltime* en oficina. [10]

Otra encuesta en 2000 empleados estadounidenses observó que quienes tenían la opción de trabajar desde su casa mostraron mayor satisfacción que quienes no poseían esa chance. El 80 por ciento declaró una mejora en su calidad de vida. El 69 por ciento de los participantes monitoreados dijeron ser más productivos y el 75, que finalizaban sus tareas de modo más veloz. [11]

LOS LUNES POR LA MAÑANA (ENTRE LAS 6 Y EL MEDIODÍA) EXISTE UN 40% MÁS DE PROBABILIDADES DE SUFRIR UN INFARTO RESPECTO AL RESTO DE LAS HORAS Y LOS DÍAS DE LA SEMANA Y EL RIESGO DE MORIR POR ELLO ES EL 29% MÁS ALTO. SEGÚN DATOS RECOGIDOS EN LOS ÚLTIMOS 30 AÑOS SE CREE QUE ES EL AUMENTO EN LOS ÍNDICES DE CORTISOL, LA HORMONA DEL ESTRÉS, EL QUE PROPICIA LA ESTADÍSTICA.

El "chiste" de manejar los propios tiempos, acomodar los objetivos según las prioridades y aprender a ser un artista de la flexibilidad, es, justamente, lograr calidad de vida. Pero ¿qué es, aquí y ahora, vivir con calidad?

CALIDAD DE VIDA, ESE MALENTENDIDO

"IN PROPORTION AS HE SIMPLIFIES HIS LIFE, THE LAWS OF THE UNIVERSE APPEARS LESS COMPLEX, AND SOLITUDE WILL NOT BE SOLITUDE, NOT POVERTY POVERTY, NOR WEAKNESS WEAKNESS".

H. D. THOREAU

Arianna Huffington, cofundadora de la web del Huffington Post y una de las mujeres más influyentes en los medios actuales dio un discurso muy comentado en el Smith College, en el que invitó a los graduados a redefinir el éxito, incluir el bienestar como valor vital y a conectarse con su propia sabiduría y capacidad de asombro tanto como se conectan con sus dispositivos y redes sociales: "Se los suplico: no compren la definición de éxito que hace la sociedad. Porque no funciona para todos. No está funcionando para las mujeres, no está funcionando para los hombres, no está funcionando para los osos polares (…). Solo está funcionando de verdad para aquellos que fabrican fármacos para el estrés, la diabetes, las enfermedades cardíacas, la falta de sueño y la presión arterial alta".

Es posible estar en la cresta de la ola de los negocios, pero no vivir con calidad. Según la Organización Mundial de la Salud, la calidad de vida es: "la percepción que un individuo tiene de su lugar en la existencia, en el contexto de la cultura y del sistema de valores en los que vive y en relación con sus objetivos, sus expectativas, sus normas, sus inquietudes. Se trata de un concepto muy amplio que está influido de modo complejo por la salud física del sujeto, su estado psicológico, su nivel de independencia, sus relaciones sociales, así como su relación con los elementos esenciales de su entorno".

53% DE LOS TRABAJADORES MEXICANOS TOMA VACACIONES EN FECHAS DETERMINADAS POR LA EMPRESA O EL JEFE

No hay que confundir la calidad de vida con el nivel de vida. La primera es subjetiva y aparece cuando la necesidades básicas ya quedaron satisfechas, el segundo, en cambio, es aquel que tiene una traducción cuantitativa o monetaria como la renta per cápita, el nivel educativo o las condiciones de vivienda. De alguna manera, la calidad de vida implica como nos sentimos y solo nosotros podemos juzgarlo. Por más que tengamos un auto flamante y caro si tenemos que ir cada mañana a un trabajo que odiamos no tenemos "calidad" aunque tengamos "nivel". Si no podemos comer saludable, hacer ejercicio, respirar aire puro, tener tiempo para los intereses reales o para familia, amigos u "otros significativos", la calidad de vida disminuye. Para tenerla, necesitamos considerar un todo en el que cada cosa que hacemos con el tiempo, los recursos, las posibilidades, el alrededor, las relaciones, está interconectado, se influye, se potencia o se dificulta. ¿Necesitamos trabajar más y tener determinados objetos para aumentar y/o facilitar nuestra calidad de vida? Estudios y estadísticas indican que no necesariamente. En *The Politics of Happiness: What Government Can Learn from the New Research on Well-Being*, Derek Bok, ex director de la Universidad de Harvard indica que aunque en los últimos 35 años el ingreso per cápita en Estados Unidos creció un 60 por ciento, los hogares promedio son 50 por ciento más grandes, el número de autos aumentó a 120 millones, y la proporción de familias que poseen computadoras personales creció de 0 a 80 por ciento de la población, el porcentaje de americanos que se describen a sí mismos como felices o "algo felices" se mantuvo constante desde 1950. [(12)]

Con datos como este entre manos muchas personas alrededor del mundo han decidido cambiarse a un estilo de vida más sencillo: la simplicidad voluntaria (simple living en inglés), el minimalismo, la frugalidad o el downshifting, como se llama a cambiar a propósito de ritmo de trabajo para disfrutar más de la vida. En Estados Unidos la propuesta tiene numerosos seguidores que escriben libros y guías, construyen pequeñas casas sobre ruedas, dan cursos, y por supuesto, trabajan por cuenta propia. (Algunas bases claves para la vida simple a pocas páginas de aquí).

DOWNSHIFTERS: EL ARTE DE DESACELERAR

"INSTEAD OF WONDERING WHEN YOUR NEXT VACATION IS, MAYBE YOU SHOULD SET UP A LIFE YOU DON'T NEED TO ESCAPE FROM."

SETH GODIN

Hace aproximadamente una década John J. Drake, un directivo de empresa, popularizó el término con su *best seller Vivir más, trabajar menos*. En el libro Drake sugiere desenmascarar las necesidades falsas y solo trabajar para cubrir las verdaderas, al mismo tiempo que se cuida la salud física y mental, las relaciones, y se guarda tiempo para actividades creativas y de valor para uno mismo y el entorno. De acuerdo a sus premisas de nada sirven las posesiones materiales sin tiempo libre para gozarlas, ni el éxito si los individuos siempre están agotados y estresados. Por esto, como una de las posibilidades, propone reducir la jornada laboral o tener trabajos temporales. Más recientemente investigadores del *Simplicity Institute*, una organización sin fines de lucro que pretende difundir alternativas para una sociedad consumista en exceso, condujeron una encuesta acerca del movimiento de simplicidad voluntaria en 2011 y analizaron datos de participantes multinacionales, a quienes les preguntaron las razones detrás de la decisión de vivir con menos objetos. 87 por ciento de los encuestados dijeron ser más felices por el hecho de haber reducido sus compromisos laborales, deudas, y posesiones. Los entrevistados dijeron haber tomado esas decisiones para pasar más tiempo con familia y amigos, ser voluntarios y perseguir metas creativas personales. [13]

En esta línea está el caso de Judith, quien, como Sabina, sintió inquietud y ansias de un cambio de vida mientras trabajaba en la oficina.

"Cuando supe que estaba embarazada pensé que probablemente me entraría la cosquilla de criar a ese niño y no dejarlo en una guardería. Me llené de miedo y angustia por lo económico, así que de momento seguí trabajando, de 9 a 2:30 y de 4 a 8, sólo iba a casa a dormir un poco, darle pecho a mi bebé y comer a toda velocidad. Una noche llegué a casa y mi niño, como de costumbre, ya estaba dormido, la niñera me llamó aparte y me dijo "te tengo una sorpresa". Sacó su teléfono celular y me enseñó los primeros pasos de mi hijo en video. Se me salieron las lágrimas. Me imaginé criando virtualmente a mi hijo, viéndolo crecer desde una pantalla.

Renuncié al periódico en el que estuve por más de 12 años trabajando y comencé a trabajar medio tiempo. Después de un año de hacer una revista medio tiempo decidí que quería estar en casa.

Además de comenzar a ser freelance, decidí salirme de la gran ciudad de México, a pesar de las críticas y burlas de familiares, compañeros de trabajo y amigos, que no soportaban la idea, al parecer, que una editora con mi experiencia se fuera a "refundir" a un pueblo con su niño. Recibí frases que ahora me parecen de lo más graciosas:

— Te portas como adolescente.

— En este momento deberías ser una directora editorial y no andarte de hippie.

— ¿Qué futuro tendrás ahí?

— No eres buen ejemplo para tu hijo.

— ¿Por qué no quieres trabajar?

Pensaban que al hacerme freelance dejaría de trabajar y ahora es cuando más trabajo he tenido en mi vida y más productiva he sido.

Mi calidad de vida mejoró a tal grado que hoy me siento más joven que hace 8 o 10 años. Incluso me veo más joven y me lo han dicho. Comencé a hacer ejercicio, a tener una vida más sencilla, más divertida, más espiritual. Volví a escribir, comencé a publicar mis libros y hasta un premio de literatura me gané.

Poder estar cerca de mi hijo y criarlo es mejor que cualquier puesto de grandes alturas. Vivimos en un sitio muy hermoso, no tenemos miedo de secuestros ni vivimos enfermos de contaminación. Nos damos nuestros lujitos de vez en cuando y cada día veo lo bien que le hace a él que yo lo recoja en la escuela, lo lleve a comer; me ponga a ver películas con él o leamos juntos.

Desde que soy freelance: me bajé de los tacones, dejé de usar traje sastre negro, dejé de alaciarme el pelo, dejé de maquillarme tanto, dejé de comer en la calle, comencé a hacer yoga, a andar en bicicleta. Después de 6 años de ser freelance sigo despertando a veces al amanecer y voy al baño o por agua y siempre pienso: "bendito sea que no debo entrar a una oficina a checar" y a veces pienso en la gente que hace casi toda su vida en una oficina, en una empresa, y pienso que por qué uno debe darle su vida a un empleador."

La flexibilidad *freelance* puede ser entonces una herramienta inteligente para acomodar las áreas de la vida de acuerdo a las propias necesidades subjetivas: ¿Es importante para nosotros salir a correr? ¿Cocinar? ¿Cenar con la pareja? ¿Estar con nuestros hijos? ¿Leer mucho? ¿Probar cosas nuevas? Al manejar los horarios y el espacio de trabajo todo esto y más es posible. Está claro que el hecho de trabajar en una oficina no es estrictamente excluyente para realizar las actividades mencionadas. Sin embargo, es obvio que *freelancear* las facilita en la amplia mayoría de los casos.

¿Trabajaremos todos por nuestra cuenta en el futuro? Probablemente. (Los fundamentos de esta afirmación están más adelante en el libro). En los últimos meses, de forma espontánea, dos de los ahora llamados *coolhunters* o analistas de tendencias, entrevistados por motivos ajenos a este libro, me aseguraron lo mismo: "Cada vez más gente quiere ser *freelance*". "Es porque quieren ser más felices", explicó uno de ellos. Ahora ¿cómo escapar del cubículo y las rutinas insalubres pero a la vez hacer una buena carrera y un modo de sustento? O ¿Cómo a ser freelance desde cero? ¿Conviene serlo apenas uno sale de la universidad? ¿Cuáles son los pasos a seguir? ¿Cuáles son los errores a evitar? Y ¿cómo vencer el miedo a la incertidumbre? Veamos.

-BONUS TRACK-

FREELANCE, ¿SE NACE O SE HACE?

Todo muy interesante, podrá decir alguien, pero, ¿será la modalidad freelance realmente para mí? ¿Tengo "lo necesario"? ¿Qué cualidades y conductas tendrá que tener un freelancer para ser exitoso como tal? ¿Cualquier tipo de persona puede volverse uno? ¿Habrá que tener alguna personalidad especial?

Bueno, tal vez sí. Algunas personas tienen una concepción de la vida y del tiempo más "alternativa" y se les hace natural que sus horas sean un *continuum* sin separaciones entre vivir, ganar dinero, divertirse, esforzarse, etcétera. Algunos expertos dicen que ciertas cualidades personales son deseables en un freelance: ser arriesgado (que lo desconocido no te paralice), ser capaz de automotivarse, (que no sea necesario el "látigo" del jefe vigilando desde la oficina de la esquina, y que una mala experiencia, un mal cliente o un contratiempo o muchos no te haga instantáneamente tirar la toalla). Otro punto es que te guste tu propia compañía (Hay quienes no les gusta estar solos, se aburren o son muy sociables y realmente se retroalimentan con la interacción continua). Otros son (somos) algo misántropos, solitarios o introvertidos y preferimos enfocarnos en silencio en nuestras actividades. Un factor muy difundido sobre las condiciones para trabajar por tu cuenta es que quién quiera encarar el asunto debe ser muy organizado. Difiero. Por supuesto que es un comportamiento deseable. Tener las asignaciones, los clientes, los pagos, las cuentas, los papeles, etcétera bajo control, ordenado de modo eficiente es algo que ayuda a trabajar mejor y no estresarse, pero conozco gente que de ningún modo posee estos dones (además de yo misma) y sin embargo ha sobrevivido y/o se ha hecho un lugar en su área. Es verdad que para ser freelance no hay que tenerle miedo al trabajo duro, los vaivenes de la sobreabundancia de encargos o su escasez, la soledad y es más que recomendable tener dinero ahorrado, algún punto de apoyo (una red a quién recurrir en caso de emergencias o una red construida para tal caso, de lo que hablaremos en las páginas que siguen). Ser flexible, tener una habilidad que el mercado demande –o mucha–, saber negociar y no desear hacerte el *hara kiri* con un espárrago a la plancha cada vez que se demore un pago. Pero sobre todo, más allá de todo, hay que querer. Si realmente se desea trabajar de este modo todo lo necesario puede aprenderse. No importa si uno "nació" y se acomodó fácil a una vida estructurada con horarios y cubículos de oficina. O si siempre le dijeron que así se construía una carrera, o un sustento decente. Si en algún momento se decide, se puede cambiar, desarrollar. Conocí a Alma Bárbara, por ejemplo, una mujer que trabajó casi 25 años en oficinas corporativas, y un día casi rondando los 50 decidió que se había hartado de usar traje sastre, se calzó un jean, unos tenis y estudió coaching. Ahora entrena para cumplir sus metas a profesionales, ejecutivos y equipos. Aunque fue un reto que la gente la reconociera en otro rol y volver a empezar, Alma Bárbara asegura sentirse muy plena al haber probado hacer actividades que antes no se imaginaba "La mayor ganancia es que cada día te renuevas, adquieres más experiencia y agradeces por haber arriesgado y haber salido de tu zona de confort."

Ninguna decisión debería considerarse algo estático e irreversible, todo está sujeto a cambios, no vamos a desear siempre lo mismo ni saber siempre lo mismo, ni tener siempre las mismas oportunidades e ideas.

La pregunta clave si alguien va a lanzarse al freelanceo no es entonces ¿serviré para eso?, sino:

¿Quiero hacerlo?

GUERREROS LIBRELANZAS

El término freelance o "lanza libre" fue utilizado por primera vez(o al menos por primera vez desde que se tiene constancia) por Sir Walter Scott para su novela Ivanhoe. Se usó para nombrar a un soldado mercenario (mercenario suele tener una connotación negativa, se les dice así a aquellos que no tienen una lealtad conocida sino que cambian de filas según mejor les paguen...). Una guerrera ética freelance de la ficción de estos tiempos sería por ejemplo Lady Brienne de Thart en Games of Thrones (del libro Song of Ice and Fire). Lady Brienne no defiende a quién mejor le pague sino a quién le dicte su corazón. Es honesta y fuerte y libre y puede, porque es muy buena en lo suyo.

CAPÍTULO 2

DOMAR LA INCERTIDUMBRE

NO ES EL MÁS FUERTE NI EL MÁS INTELIGENTE EL QUE SOBREVIVIRÁ, SINO EL QUE TENGA MEJOR RESPUESTA ANTE EL CAMBIO.

(Algunos dicen que lo dijo Charles Darwin. Otros lo desmienten. De cualquier manera creo que la frase es cierta).

Gotas de lluvia de esas exageradas, gordas, de tierra tropical, caían y golpeaban las hojas también exageradas de las plantas en las orillas del río, como si las quisieran despertar de algo. Una cortina espesa volvía el aire transparente. Nos dieron cascos e instrucciones (antes nos habían hecho firmar una carta de responsabilidad: si nos quedamos fritos en el camino, problema nuestro). Dos se sientan adelante, dos atrás. Un pie adelante, otro atrás. El remo se toma así. Si el bote se voltea, que no cunda el pánico, flotar. Ok, perfecto. El río lucía inofensivo en esa parte. Navegamos un rato. Luego la velocidad de la corriente aumentó. Y luego más y más. Oh, así que por esto los llaman "rápidos". ¡Nos vamos a matar! Olas salvajes nos zarandeaban y empapaban. Era obvio que caeríamos, por lo menos yo. El agua me nublaba los lentes de contacto. De pronto, mi cuerpo entendió algo. Solo. Digo mi cuerpo porque la epifanía fue en piel y músculos antes que en mi mente. El truco estaba en la postura. Se trataba de cómo sentarse: flexible pero atenta, firme pero en sintonía con el ritmo del agua. Había que acompañar el vaivén impredecible con la columna vertebral, levantar remos en los remolinos o clavarlos en el líquido duro y acelerar. Al rato, cuando menos lo esperaba hubo calma otra vez.

Bueno, algo así es ser *freelance*. Trabajar por cuenta propia puede ser un deporte extremo a veces. ¿Cuándo vendrá la ola furiosa? (¿cuándo estarás llena o desierta de encargos y clientes?) ¿Cómo soplará el viento? ¿Habrá sol o tormenta? (¿Te pagarán hoy o dentro de tres meses?) ¿Tendremos fuerzas y destreza para manejar los remos sin que el bote se de vuelta o nos estrellaremos contra las rocas? (¿Queda algo más que un limón mustio en el refrigerador?) Y, la pregunta del millón: ¿vale la pena exponerse de este modo a la incertidumbre? ¿Por qué no nadar sin sobresaltos en albercas predeterminadas o, mejor aún, en esos "carriles de nado" que construyen como *amenities* en las azoteas de los edificios nuevos?

Para obtener la respuesta a esto último, hay que pasar antes por otra pregunta:

¿CUÁNTA LIBERTAD Y CUÁNTA SEGURIDAD NECESITAS?

Inversamente proporcionales, libertad y seguridad arman una especie de *ying* y *yang*, opuestos interdependientes: sube una y disminuye la otra. Pero por cualquiera que se elija se pagará un precio. Alto. El asunto, entonces, será pagar el precio por el bien más acorde a nuestra naturaleza.

La seguridad es un anhelo básico y normal, todos queremos estar "a salvo". Para sobrevivir y protegernos de osos hambrientos, rayos y centellas, inclemencias y desamparos, se construyó la civilización entera. Edificios no *oso friendly*, techos y puertas, vacunas, leyes de matrimonio y trabajos en nómina. Cada paso en la conquista de la incertidumbre, a lo largo de la historia, fue un gran alivio. Pero nadie puede acorralarla al cien por ciento. Siempre hay un margen escurridizo, imposible de prever.

Al cerebro humano no le gusta no saber lo que sucederá. Recientemente, psiquiatras de la Escuela de Medicina y Salud Pública de la Universidad de Wisconsin (Madison) realizaron estudios de resonancia magnética escaneando células grises de personas y concluyeron que la incertidumbre aumenta la ansiedad y que, si un individuo la siente, puede alterarse para peor su percepción de los acontecimientos negativos y su respuesta neuronal y emocional a ellos. [(1)] Investigadores de la Universidad de British Columbia, por su parte, hallaron que la ansiedad por incertidumbre se registra en el cerebro de forma similar al dolor, por lo que la angustia existencial podría ser paleada con un Tylenol (el genérico es acetaminofeno). [(2)]

Más hombres de ciencia intentan desentrañar nuestra conducta ante la incertidumbre. En 2008, una investigación con adolescentes y sus padres, reveló que la tolerancia a la ambigüedad está significativa y positivamente relacionada con la creatividad. Es decir, aquellos que aguantan más la incertidumbre son más capaces de lidiar con lo desconocido por venir, inventar soluciones y tener ideas. (3) *En la misma línea, otro estudio canadiense mostró que el hábito de leer ficción logra que las personas se sientan más cómodas con la incertidumbre, a la vez que incrementa la empatía y mejora la capacidad de tomar decisiones. Aquello que se supone que usamos para distraernos de la vida real, en realidad nos ayuda a vivirla mejor, dijeron los psicólogos.* (4)

Pero más allá de que estemos dispuestos a llevar con nosotros píldoras contra la angustia y un ejemplar de El Señor de los Anillos cómo escudo ante el destino incierto, deberíamos preguntarnos: ¿Qué es seguro hoy en día? ¿Qué no caiga un meteorito cuando crucemos una calle rusa? ¿Qué una ciudad no se inunde en media hora? ¿Un trabajo “fijo” es seguro? Las cifras actuales indican que ya no.

El panorama laboral mundial está cambiando en un sentido muy claro. Entre recesiones globales y adelantos tecnológicos, aquellos trabajos seguros de toda la vida que tenían nuestros abuelos ya no existen. El paradigma viejo, de dependencia y espejismo de seguridad, se desdibuja en el presente.

Para Raimon Samsó, economista gurú *entrepreneur* español, *freelancer* convencido y autor–su libro *El código del dinero* arrasó con las ventas en medio de la crisis de su país– la seguridad laboral "se está fosilizando". La globalización y la inflación han reducido los salarios en las economías del mundo, mientras que, en los últimos 25 años, la fuerza laboral del planeta se multiplicó por cuatro (y se prevé que crecerá un 40% más para el 2050). Como hay más gente dispuesta a trabajar los salarios bajan: esto, en el peor de los casos (que son muchos) da pie a los contratos basura, la precariedad y el abuso. [5]

Según el análisis y predicciones de Samsó (y muchos otros) en todo occidente los sueldos seguirán bajando en las próximas décadas porque hay más gente que busca un puesto de trabajo que puestos de trabajo disponibles. Cada vez menos factor trabajo es necesario para fabricar lo que hace falta, y la tecnología productiva cada vez es más barata, más sofisticada, y más sencilla de utilizar. El hecho de haber estudiado una carrera más algunas maestrías no garantiza un puesto. Hay gente muy preparada que no lo encuentra.

¿QUÉ HAY QUE HACER, ENTONCES?

La propuesta es adaptarse para evolucionar. Intuir –u observar– "como viene la ola" y colocarse frente al viento tratando de mantener el equilibrio al mismo tiempo que se avanza.

Algunos apuntarán que hay que aferrarse a los últimos jirones de seguridad que queden. La ubicua incertidumbre puede ser aprovechada con fines "malévolos" para que se acepten condiciones de trabajo indignas o poco favorecedoras para el trabajador. La situación laboral incierta también provoca que quienes quieran cambiar o arriesgarse a ir por su cuenta tengan más miedo. A muchos se les aplica el "método FUD", denominado así por las iniciales de miedo, incertidumbre y duda en inglés (*Fear, Uncertainty, Doubt*). El FUD es una estrategia comercial mala onda que consiste en difundir información negativa, ambigua, o parcial sobre algo, habitualmente un competidor político o empresarial o ciertos productos y servicios. [2] Una falacia que apela al miedo de los votantes y/o consumidores: ¡Fulanito es un peligro para el país! ¡Su computadora está en peligro, compre YA nuestro antivirus!

El método FUD se ha usado contra el software libre, y en mil y un situaciones cotidianas que pretenden contagiar miedo, incertidumbre y duda sobre decisiones vitales. También podría decirse que ciertos entornos lo usan consciente o inconscientemente, contra aquellos que quieren probar algo diferente (por ejemplo, un modo de sustento alternativo). Ojo: también existe el "monstruo FUD interno", esa parte de uno mismo que se estremece y paraliza de más ante lo desconocido. ¿Vas a dejar ese trabajo? ¿Y de qué vas a vivir? ¿Y con qué seguridad? Mejor quédate donde estás ¿Quién te lo garantiza?

Bueno, nadie garantiza nada, pero muchas historias y números aquí muestran que es posible ganarse la vida aún en medio de la incertidumbre.

Es posible navegar sobre aguas que cambian sin caer (bueno, tal vez algún chapuzón) y vale la pena porque te sientes más vivo que si miras desde la orilla.

¿QUÉ GANÉ CONVIRTIÉNDOME EN FREELANCER?

"**PUES**, *mucho. En primer lugar, gané el poder enfrentarme a mi miedo a pedir lo que valgo, a negociar mejores condiciones de trabajo. Gané el poder salir de mi vida cuadrada y anodina, donde sabía cuándo cobraría y cuánto, pero sin poder reconocer mi valor ni cuán grande soy. Muchos creemos que la estabilidad laboral sólo se consigue cuando tienes un contrato fijo en alguna empresa de renombre; pero creo que no muchos saben lo que realmente es estabilidad laboral: es la que puedes proveerte por tus propios medios y capacidades, haciendo lo que te gusta, lo que amas, y no lo que otros te imponen. Ciertamente yo daba clases e investigaba en mi antigua universidad porque era lo que me gustaba, pero no podía hacerlo como me gustaba. He ahí la gran diferencia. Ahora soy yo quien define cómo daría las clases e* *investigaría, y cuánto debería ser mi salario por eso.*

He ganado el saberme capaz de sustentarme a mí misma y hasta a quienes me rodean sin necesidad de depender de un 'patrono'. Aquí la patrona soy yo.

Temor a que en algún momento no tenga clientes y no tenga recursos? Pues sería muy tonta e indigna de todo lo que estoy viviendo si llego a sentirlo. He aprendido que puedes planificar, ser previsiva, moverte para ir construyendo una buena cartera de clientes, aprender a confiar más en ti y en tu valor.

¿Lo mejor? Mi independencia. Sentirme que soy capaz de sostenerme por mí misma. Reconocer que soy creadora de todo en mi vida, y cocreadora de muchas cosas en la vida de otros."

EVE, VENEZOLANA VIVIENDO EN CHILE, ORFEBRE PROFESORA Y EDITORA FREELANCE.

-BONUS TRACK-

SOLEDAD FRUCTÍFERA VERSUS AISLAMIENTO ESTÉRIL ¡WARNING!

Alexander Supertramp es el seudónimo que usaba Christopher McCandless, el aventurero de la película *Into the Wild*, que existió en realidad. Recién graduado, Christopher buscaba una existencia fuera de lo común y decidió tomar las rutas estadounidenses para encontrarse cara a cara con la vida simple y la naturaleza. Pero las cosas salieron mal y el joven idealista se intoxicó o murió de hambre (sus biógrafos no saben definirlo con exactitud), luego de vivir en un bus abandonado en el bosque de Alaska durante cuatro meses. El protagonista de esta *road movie* o *road* vida admiraba a los caminos solitarios de aprendizaje del escritor Jack London y de Henry D. Thoreau, uno de los filósofos faro de las ovejas descarriadas que se ocupó como nadie en *Walden o la vida en los bosques de la exaltación de la soledad y el silencio, la reflexión, el anticonsumismo y la desobediencia civil. Sin embargo entre tanta intensidad sincera e inexperiencia Christopher cometió un error fatal:*

no llevó un mapa que lo habría salvado (a unos 400 metros de su refugio y del río imposible de cruzar había un puente). McCandless era un alma translúcida con aspiraciones de sabiduría y no hizo mal en seguir su instinto, su corazón, "el camino del héroe", como llaman algunos al trayecto de emprender el crecimiento como ser único y alcanzar un grado mayor de conciencia venciendo miedos y obstáculos. Pero aunque este reto es individual, un mapa, unos consejos, y un poco de humildad también, le hubieran ahorrado el final trágico.

Todos los freelancers somos un poco "desobedientes civiles", no porque no hagamos las declaraciones ante el SAT, sino porque desafiamos el mandato de que un trabajo se hace sí o sí en una oficina y en equipo. (A propósito leí el otro día: "un camello es un caballo diseñado en equipo", je). A nosotros nos gusta ir por nuestra cuenta y seguir nuestras reglas, tocar al "establishment" lo menos posible. Los que hacemos esto por convicción y no para sobrevivir porque nos corrieron de una nómina, disfrutamos de estar solos y tomar decisiones en soledad.

Pero en estos tiempos la soledad está bajo sospecha. *¿No te aburres trabajando solito en tu casa? ¿Soltero a los tantos años? Mmmhh. ¿De viaje? ¿Solo?* Preguntan y malvibran algunos. Los seres solitarios son vistos como si tuvieran "algo malo", se valoran las organizaciones, la pertenencia a grandes estructuras, las redes sociales, los comités, la extroversión, el liderazgo ruidoso, la alharaca.

Sin embargo, numerosas investigaciones muestran que el hecho de trabajar solo, por ejemplo, es un catalizador para la innovación y la productividad. Los datos sugieren fuertemente que las personas son más creativas cuando disfrutan de privacidad y libertad sin interrupciones, cosa difícil en las oficinas modernas en las que se privilegia el trabajo en equipo. Otros estudios han mostrado que la modalidad "cubículo" sin privacidad vuelven a los empleados hostiles, inseguros, distraídos e improductivos. (*)

Si bien para algunos el contexto oficinesco y las metas en grupo pueden funcionar, para muchos el asunto "equipo" es restrictivo, desgastante y hace que sus tareas no tengan los mejores resultados. En sus Memorias, Steve Vozniak, cocreador de Apple junto con Jobs, escribe al respecto:

> "La mayoría de los inventores e ingenieros que conozco son como yo. Viven en sus cabezas. Son casi como artistas. De hecho, los mejores de ellos son artistas. Y los artistas trabajan mejor solos. Voy a darte un consejo que puede ser duro de tomar. El consejo es: trabaja solo. No en un comité. No en un equipo."

Desde Vozniak a Picasso, pasando por Darwin e Isaac Newton grandes genios solitarios (y a veces introvertidos) fueron capaces de dar al mundo nuevos productos, visiones y teorías: la soledad unida a la capacidad de concentración han sido claves para la innovación.

Todo esto es para poner en evidencia (aunque a esta altura de la historia debería ser obvio) que no hay nada malo en elegir caminos menos transitados. A veces parece que quienes optan por una vida –o actividades– más aisladas cargan con el estigma del ermitaño, ese que al elegir la soledad parece criticar indirectamente, con su ejemplo, a quienes no lo hacen. La verdad es que aunque las relaciones nos enriquecen y podemos ser piezas claves en el alcance de un logro colectivo, la realización personal ocurre mediante esfuerzos, cambios y acciones individuales.

En una charla TED inspiradora (puedes buscarla en You Tube como *El poder de los introvertidos*, está subtitulada en español) Susan Cain, autora *Quiet: The Power of Introverts in a World That Can't Stop Talking*, alega que en el empleo se necesita más autonomía, libertad y privacidad y que también las escuelas deberían, además de animar a los niños a trabajar en equipo, enseñarles a hacerlo por su cuenta. Es el ritmo de estar "al propio aire" lo que llama a los pensamientos más profundos. Una sugerencia clave de esta experta es: "vayan al desierto. Sean como Buda, tengan sus propias revelaciones", lo que no implica convertirse en un ermitaño con cabaña autoconstruida que cocine tortillas caseras sobre una teja (Thoreau hacía eso, me pregunto qué tal le quedarían) sino darse tiempo y lugar para desconectarse de la vorágine y mirar (y sentir) qué hay en el propio interior y valorarlo.

Ahora bien. Seguir tu camino, tu intuición y tus sueños es lo mejor que puedes hacer SIEMPRE, pero sin olvidarte de que hay un mundo allá afuera que te puede contar donde hay puentes que desconoces, que pueden salvarte de catástrofes y llevarte a nuevos horizontes. Ser fiel a ti mismo no quiere decir saberlo todo y necesitas interactuar con los demás, primero por el pragmatismo que hará tu vida cotidiana más llevadera y exitosa en lo material (si no encuentras como vender tus productos o servicios no podrás sustentarte), segundo porque lo que tú generes debe ser útil a alguien. Es un ida y vuelta, una conversación.

Muchos freelancers que conozco y yo misma en algunas ocasiones nos hemos "clavado" demasiado en nuestro espacio y nuestra introversión, con nuestras pantuflas y nuestro gato, días sin salir a platicar e interactuar físicamente con colegas, eventos, etcétera. Eso es peligroso porque puede generar –además de disminución drástica de trabajo o encargos– una sensación de aislamiento y estancamiento nada deseables.

"EL INFIERNO SON LOS OTROS PERO LA SOLEDAD NO NECESARIAMENTE ES EL PARAÍSO."

Mi consejo es: nútrete de gente que admires, lee mitologías que te resulten inspiradoras, ideas y personajes que te den fuerzas para hacer tu camino individual. Investiga sobre el camino del héroe (que, aunque siempre es solitario, sabe cómo pedir ayuda, construir aliados y atravesar obstáculos). Busca respaldo espiritual en vidas de aventureros y pensadores que iban por su cuenta, abrieron caminos y desmalezaron prejuicios. Eso funcionará dándote un esqueleto de pensamiento y te mostrará que no estás tan solo como crees y que hay más como tú. Pero, luego de tus momentos creativos, date un tiempo para interactuar, aprender, hacer que lo que aprendiste circule y se regenere. Ese equilibrio funcionará como un puente para conseguir lo que quieras sin desfallecer, como tu punto de apoyo para mover el (o al menos tu) mundo.

Conexión soporte y camaradería entre freelancers son claves en la vida freelancer: 81% de los freelancers recomiendan a otros freelancers para un trabajo. 52% hacen trabajo pago para otros freelancers o contratan a sus colegas independientes. (Fuente: encuesta de Emergent Research para Freelancers Union)

CAPÍTULO 3

EL PLAN

NO ESCAPES DE ALGO, ESCAPA HACIA ALGO".

CRIS GILLEBEAU, THE ART OF NON CONFORMITY,

Claudia se levanta temprano, toma café, le da besos a Catalina y Enriqueta, sus perras *pug*, contesta mails y luego sale a correr por el bosque de San Cristóbal de las Casas o hace una hora y media de yoga. Si tiene más de dos horas, va a nadar. *Endorfinada*, llega a su oficina o maneja a las comunidades de artesanos en las que capacita, asesora, crea proyectos textiles que benefician a varias comunidades indígenas. Diseñadora textil de 39 años, hace 5 que decidió dejar su empleo en un corporativo, la Ciudad de México y dar un giro vital de salud y sentido. "Yo sé que se oye como cliché—cuenta—pero sí era cierto que trabajar con diseñadores, publicidad y moda de alto nivel era muy desgastante y al final me quedaba una sensación de vacío". Fácil no fue, así que tomó la decisión "despacito". Cuando en la empresa en la que trabajaba de 8 a 6 la cambió de su puesto a uno que no coincidía con su formación y sus intereses, Claudia optó por tomar, gradualmente, otro camino. Primero cambió su trabajo por uno de medio tiempo y luego se fue "a pensar" a la colorida ciudad alma del estado Chiapas. El lugar multicultural la inspiró y en poco tiempo creó Chamuchic, una marca de indumentaria y accesorios que rescata, revalora y moderniza la artesanía textil tradicional, y la acerca al mercado contemporáneo. El trabajo de Claudia con Chamuchic fue orientar la creatividad y destreza de mujeres artesanas de los Altos de Chiapas hacia el conocimiento de un mercado que, aunque es ajeno a ellas, puede servir para que estos mismos saberes sobrevivan, se difundan y sean recompensados. En casi tres años de existencia Chamuchic tiene seis puntos de venta (más uno en Alemania) y pedidos del exterior. Para el futuro se planea aumentar los puntos de ventas, colaborar con otras marcas, ampliar el catálogo, exportar y sumar más artesanas al proyecto. En eso están.

Claudia aprendió a ser freelance en el camino. "Yo lo he disfrutado tanto que no puedo no recomendarlo"–dice. "Si alguien siente que tiene el vigor y la energía, que lo haga" propone. ¿El miedo más grande? "El económico, no tener suficiente para vivir. Por eso me aseguré de tener un colchón (guardemos *colchón* como *keyword)*: un guardadito, un ingreso estable durante suficiente tiempo". Otro "monstruo" contra el que tuvo que luchar fueron las críticas de su entorno ante su decisión. "La sociedad te castiga, la gente que está como muy acomodada en su trabajo no se anima, y entonces te sentencia: "te vas a arrepentir" "luego va a estar más difícil conseguir trabajo" y así. La estrategia interna de Claudia para contrarrestar los embates del afuera fue tomar esas opiniones como un reto: "entre más barreras me pongan más me animo." La verdad, el estrés de algún mes estar apretado no es nada comparado con los otros beneficios opina esta Claudia. Cambiar sus hábitos de consumo, repensar sus necesidades reales, ser proactiva ofreciendo sus servicios y tener una red amplia de contactos fue crucial para su *freelanceo* exitoso y nutritivo.

Esta historia ocupa apenas una página, pero el salto de una vida en corporativo con quincenas previsibles a la independencia fructífera cerca del bosque no fue, definitivamente, de un día para otro. Si somos espectadores de esta experiencia podemos admirarla y desearla, pero si queremos algo similar para nosotros la pregunta del millón es:

¿Cómo empezar?

LIFE STYLE DESIGN: CÓMO DISEÑAR TU ESTILO DE VIDA

> *"Impossible doesn't mean very difficult. Very difficult is winning the Nobel Prize; impossible is eating the Sun."*
>
> *Lou Reed*

El primer requisito para este ejercicio es aprender a encontrar el equilibrio entre el realismo y los sueños. ¿Cómo lograr lo que quieres con los pies en la tierra? Si tu deseo es navegar en yate con aretes de medio kilo de esmeraldas a juego con el bikini (o el emporio de Donald Trump pero con buen pelo y sensibilidad) eso debe ser posible pero este no es el libro indicado para aconsejarte hasta lograrlo. En estas páginas apunto a *ganarse la vida*, o más bien, el dinero para la sustentar la vida que queremos, no con el sudor de nuestra frente (a menos que el freelance que esté leyendo sea *personal trainer* o algún tipo de atleta) sino con inteligencia, estrategias eficaces y especialmente con bienestar integral y sentido. Por otra parte, estudios científicos han sugerido que da más felicidad procurarse los propios pesos que heredar o ganarse la lotería. ¿Será? Investigadores de la Universidad de Emory, en Atlanta midieron la actividad en la parte del cerebro que procesa las sensaciones de placer y recompensa de dos grupos de voluntarios. Unos recibían dinero mediante un juego de computadora simple, los otros debían trabajar para conseguirlo. Los últimos fueron más estimulados. Para el cerebro es más importante hacer cosas para ganar una recompensa, dijeron los especialistas en psiquiatría y ciencias de la conducta.[1] (No sé. Dice mi cerebro que quiere ganarse la lotería primero para poder comparar). Pero continuemos. En fin, que debemos para trabajar para vivir. Asumiendo esto, toma lápiz, papel y piensa un rato. ¿En qué te gustaría trabajar? ¿Estás trabajando en tu vocación? ¿En algo gratificante y que aprovecha tus habilidades? Si es así ¿Cuánto tiempo te gustaría dedicarle al día o a la semana? ¿Por la mañana o por la tarde? Si no estás trabajando en lo que quieres ¿qué necesitarías para hacerlo? ¿Algún curso? ¿Nuevos contactos? ¿Qué más te gustaría hacer, además de trabajar? ¿Ejercicio, voluntariado, aprender algo? Y de lo que haces cotidianamente ¿qué te gustaría abandonar, cambiar o mejorar? Escribe todo con detalles. Clarifica tus deseos y ordénalos según su prioridad. Si en tu cabeza llegas a escuchar una voz criticona o represora (La voz del F.U.D) que dice que lo que quieres es difícil y/o imposible, no le hagas caso. Una vez que estén escritos, los deseos tendrán más poder (lo siento si suena un poco de autoayuda, pero es verdad) Además está probado que quiénes escriben sus metas y/o sueños tienen el doble de probabilidad de cumplirlos que quiénes no lo hacen [(2)].

Bien. Una vez hecha la lista, ponle a cada cosa una fecha, un deadline. ¿Qué podría ser un cambio inmediato? ¿Qué una realidad a corto plazo? ¿Qué un objetivo a largo plazo? Y, como dice el dicho, *be careful with what you wish for.* Cuidado con lo que deseas. Porque es muy posible que suceda. Aunque, ojo, salvo magias aleatorias, en general solo con desear no alcanza. El "premio" viene luego del esfuerzo, del salto, de estar dispuestos a aprender, practicar, arriesgar y pagar el "precio" correspondiente. Con buenas intenciones no es suficiente. Hay que actuar.

Todo esto es muy importante porque no se trata solo de dejar un estilo de vida que no te gusta (o llene, o haga feliz) sino de conseguir uno que sí. Y para no estar dando tumbos (aunque algunos serán inevitables) es imprescindible esclarecer los deseos, convertirlos en objetivos. Tómate un tiempo real y de calidad para pensar y sentir sobre esto.

Puede parecer una obviedad y lo sería si no fuera porque hay tanta, tanta gente que nunca se ha tomado un minuto para ver quién es, quién quiere ser, cómo podría lograrlo. El asunto es encarar un camino de acción y decisiones y no de reacciones o piloto automático. Una vida consciente, elegida y, dentro de lo que las reglas de la incertidumbre permitan, diseñada.

EJERCICIO:

Preguntas básicas existenciales y prácticas para el *lifestyle design*

¿TRABAJAS EN LO QUE TE GUSTA?

¿SABES QUÉ TE GUSTA?

¿ES POSIBLE QUE TE PAGUEN POR HACER LO QUE TE GUSTA?

SI NO LO HACES AÚN ¿CUÁL ES LA RAZÓN Y CUÁL SERÍA LA SOLUCIÓN PARA LOGRARLO?

¿CONOCES A ALGUIEN QUE HAGA LO QUE LE GUSTA Y LE PAGUEN POR ELLO?

¿CÓMO LO HA LOGRADO? ¿QUÉ PUEDES APRENDER DE ÉL O ELLA?

¿QUÉ TE GUSTARÍA QUE FUERA LO PRIMERO QUE HACES AL LEVANTARTE A LA MAÑANA?

¿QUÉ TIPO DE AMBIENTE QUERRÍAS A TU ALREDEDOR?

¿DÓNDE TE GUSTARÍA VIVIR?

¿QUÉ TIPO DE ALIMENTACIÓN TE GUSTARÍA LLEVAR?

¿CUÁNTAS HORAS TE GUSTARÍA TRABAJAR POR DÍA O POR SEMANA?

¿CUÁNTAS HORAS NECESITARÍAS PARA CUBRIR EL MISMO SUELDO QUE GANAS EN UNA OFICINA?

¿QUÉ QUISIERAS HACER ADEMÁS DE TRABAJAR?

¿CUÁNDO TE GUSTARÍA EMPEZAR ESTA NUEVA VIDA? (ANTES DE DECIR "YA" CONSIDERA EL FACTOR "LANA" EXPLICADO MÁS ABAJO).

¿QUÉ PUEDES EMPEZAR YA MISMO?

Una vez que tengas claro a dónde quieres llegar, es hora de pensar en la transición. Pero ¡No renuncies todavía! Todavía no. Es mejor conocer antes el ABC de la transición inteligente: el momento y el modo perfectos para lanzarte a freelancear.

EL ARTE DE PREVENIR

Ok. Ya sabes que quieres dejar tu trabajo actual. Si es un empleo que odias y eres alguien, digamos, temperamental, una de las más grandes tentaciones podría ser cantarle unas cuantas verdades a la inepta de tu jefa, burlarte de tus compañeros bobos, renunciar de modo extravagante y filmarlo para que luego se vuelva viral en You Tube. Don´t. Resiste la furia, que el que ríe último ríe mejor. No lo hagas sobre todo si la empresa que dejarás tiene un lugar en el mundo profesional en el que seguirás trabajando. Estos mundos suelen ser endogámicos, amiguistas y cambiantes.

Ojo: si algo está verdaderamente mal puedes comunicar tu descontento con altura y dignidad. Es probable que te topes mil veces con las mismas personas en diferentes puestos y empresas y lo ideal es andar libre de rencores o al menos de rencores confesados o notorios. (Uff, qué difícil resulta darles este consejo, pero ¿adivinen cómo obtuve esta "perla de sabiduría"?) Tu imagen debe ser de un profesionalismo intachable. Ahora te tienes que enfocar en dos cosas esenciales: tu colchón económico y la construcción de tu sustento independiente. Vamos con el primero.

Preparase financieramente para la vida freelance es similar a hacerlo para un año sabático sin ingresos (no porque te vaya a llevar necesariamente un año ganar dinero sino para estar cubierto por las dudas para los escenarios más difíciles). Tres ejes son esenciales.

1. SANEAR LAS DEUDAS
2. AHORRAR PARA PAGAR LA VIDA DIARIA MIENTRAS TU NUEVA MODALIDAD SE VUELVE SOSTENIBLE
3. CONTAR CON UN FONDO DE EMERGENCIAS.

Lo primero debería ser sacar números, es decir, conocer cuánto realmente gastas al mes. No necesariamente debes juntar lo mismo que ganas todos los meses como salario para el momento en que ya estés trabajando por tu cuenta (Es posible que gastes un poco menos). Si tienes compromisos de créditos (hipotecarios o deudas con tarjeta de crédito) tendrías que considerarlos o mejor aún liquidarlos completamente (lo ideal en el caso de las tarjetas). Si no crees que puedas liquidar tarjetas agrega dentro de la contabilidad de cada mes del presupuesto al menos tres veces el pago mínimo.

Entonces: suma tus gastos fijos por mes: rentas, mensualidades, servicios y comida. La cantidad de meses de colchón que decidas depende un poco de tu optimismo, tu capacidad de ahorro y tu ansiedad por dejar tu empleo actual. Seis meses sería el mínimo, un año es lo que juntó Claudia, la freelancer del comienzo de este capítulo, algunos emprendedores sugieren ahorrar hasta dos años.

Si quieres empezar a tu vida freelance es fundamental que no juntes el dinero solo en una caja de ahorro, sino en algo que genere mayores rendimientos –aunque éstos sean chiquitos– como opciones de inversión a corto plazo tipo Cetes Directo (www.cetesdirecto.com) o pagarés bancarios.

El fondo para emergencias es una suma APARTE de la que guardas para vivir cada mes (un guardadito más de entre 3 y 6 meses de tu sueldo). [3]

***ADEMÁS: CONSIDERA EN TU PRESUPUESTO SI NECESITARÁS COMPRAR ALGÚN TIPO DE HERRAMIENTA O EQUIPO PARA TU NUEVO MODO DE VIDA.**

Para cuando seas freelance también tienes que tener en cuenta un fondo para continuar teniendo una protección de salud.

¿Es necesario contratar un seguro de gastos médicos mayores?

Uno de los beneficios de estar en nómina es que tu empleador suele hacerse cargo del seguro de gastos médicos (tanto del IMSS como uno privado). Pagar a una compañía de seguros una suma anual es bastante costoso (la prima anual para una persona promedio en Ciudad de México es de entre unos 20 o 25 mil pesos [(4)]).

Cualquier buen libro o experto en previsión financiera te dirá que es imprescindible que contrates un seguro. En una nota que leí al respecto decía que al comprar un seguro "estamos comprando tranquilidad y certeza absolutas de que nuestro patrimonio no se verá afectado en el futuro por la posibilidad de cualquier riesgo que atente contra nuestra salud." [(5)] Más allá de que en estas páginas no creemos en eso de "tranquilidad y certeza absolutas" por supuesto siempre es mejor tener las mejores coberturas. Sin embargo, esto no es posible en la realidad para muchos freelancers, especialmente para aquellos que están empezando a construir sus carreras en esa modalidad.

¿Significa esto que quienes trabajan por su cuenta están abandonados a su suerte si algo falla en su salud?

NO necesariamente. Cuando hice una mini encuesta

online entre freelancers para ver quién tenía seguro y cuál, uno de ellos me mandó una estampita de Jesús y su halo luminoso. Otra contestó "jajajaja".

Myrrha, una escenógrafa freelance contó, en cambio, los buenos servicios que le brindaron en el Seguro Popular, el respaldo de salud que pueden tener todos los habitantes legales del país que no estén en el IMSS. Myrrha se recuperó de un cáncer de mama y todo su exitoso tratamiento lo hizo sin pagar un peso. "Me trataron muy bien y cubrieron absolutamente todo. No tuve que pagar ni esperar absolutamente nada", me comentó.

* * *

EL SEGURO POPULAR ES UNA ASEGURADORA DE MUY BAJO COSTO (TE HACEN UN EXAMEN SOCIOECONÓMICO PARA SABER CUÁNTO PUEDES PAGAR). CUBRE MÁS DE MIL QUINIENTOS PADECIMIENTOS ENTRE ELLOS URGENCIAS, ESPECIALIDADES, CIRUGÍAS, ENTRE OTRAS, Y TAMBIÉN MÁS

DE 500 MEDICAMENTOS. INCLUYE EL 100 POR CIENTO DE LAS ENFERMEDADES MÁS COMUNES Y MÁS DEL 90 POR CIENTO DE LOS DIAGNÓSTICOS DEL SEGUNDO NIVEL (AQUELLOS QUE POR LO GENERAL PRECISAN HOSPITALIZACIÓN). ADEMÁS, TIENE UN FONDO DE GASTOS CATASTRÓFICOS POR EL QUE ATIENDE ENFERMEDADES CARAS, ENTRE ELLAS CÁNCERES.

* * *

Otra opción de bajo costo es pagar una cuota al IMSS de manera independiente.

Esto cubrirá consultas médicas y con especialistas, hospitalización, medicamentos, estudios de laboratorio, servicio dental básico, operaciones y más (aunque al igual que los estudios privados no cubre enfermedades preexistentes).

Si de todas maneras deseas y puedes pagar un seguro privado debes tener en cuenta:

Que la cobertura específica de tu póliza cubra tus necesidades. Si agregas sumas en caso de incapacidad. Si te cubre en el extranjero. De cuánto es el deducible (la cantidad de dinero a partir de la cual la aseguradora se hará cargo de los gastos) y el coaseguro (un porcentaje del total del monto también a cargo del asegurado). Hoy en día existen paquetes de seguros flexibles y seguros individuales contra accidentes u hospitalizaciones y si en caso de que lo uses pagará directamente los gastos o los deberás pagar tú y luego te los reembolsarán. Puedes armar la combinación que consideres conveniente. Busca una compañía sólida y un agente que aclare todas tus preguntas. No dejes que te mareen ni te manipulen con el miedo.

33 EMPRESAS OPERAN SEGUROS DE GASTOS MÉDICOS PRIVADOS EN EL PAÍS. SOLO OCHO MILLONES DE PERSONAS, 6% DE LA POBLACIÓN TOTAL, CUENTAN CON UNA PROTECCIÓN DE ESTE TIPO.

DE CADA 10,000 ASEGURADOS EN MÉXICO, UN PROMEDIO DE 11 PERSONAS AL AÑO LLEGAN A SUFRIR UN SINIESTRO QUE REQUIERA GASTOS DE MÁS DE UN MILLÓN DE PESOS.

UNO DE CADA 10 SUFRE UN ACCIDENTE O ENFERMEDAD CON UN GASTO DE UN PROMEDIO DE 50 MIL PESOS. [6]

ESPERA LO MEJOR, PERO ESTÁ PREPARADO PARA LO PEOR.
UNAS NOTILLAS SOBRE SER PREVENIDO Y/O TOMAR LAS RIENDAS DE LA PROPIA SALUD:

La fatalidad ocurre. Hay accidentes y enfermedades, algunos evitables otros no. Pero esto suele ser algo con lo que la gente, o ese conjunto de ideas e interacciones que crearon las personas que algunos llaman "el sistema" y a veces se convierte en trampa, asusta a otras personas (es parte del miedo a la incertidumbre). ¿Y si nos enfermamos? ¿Y si nos atropella un camión? (toco madera). ¿Y si caen sapos del cielo como en Magnolia? ¿Vale la pena pagar un seguro de más de 20 mil pesos anuales por si alguna vez me pasa algo si para juntar ese dinero debo hacer algo que me disgusta, me estresa de más o me ata a una vida que me hace infeliz? La respuesta a esto es personal, todas las opciones son válidas. Solo recuerda que, como vimos en el capítulo 1, la infelicidad enferma. Si un trabajo me da gastritis, ganas de llorar, me obliga a estar horas que podría usar para moverme en el tráfico, si casi nunca veo el aire libre pero me ofrece un buen seguro, ¿ese trabajo es bueno para mi salud o no?

La salud está primero, es verdad, pero no es algo que alguien te pueda vender, o al menos yo, como periodista especializada en bienestar no estoy de acuerdo con esa perspectiva. Creo que muchas campañas de marketing agresivo se aprovechan del temor a perder la salud y a perder – o no tener– el dinero que precisaríamos para recuperarla. Hay todo un paradigma de la salud actual que promueve el miedo al propio cuerpo, al desconocimiento del mismo como si fuera una bomba a punto de estallar (Una vez en una de esas conferencias en las que los laboratorios invitan a la prensa ilustraron la posible aparición de la enfermedad con una foto de los aviones estrellándose en las Torres Gemelas) La medicina moderna hace creer a las personas que la naturaleza las golpea constantemente con nuevas enfermedades (se han puesto nombres difíciles a algunas cosas que antes eran consideradas como normales) que solo pueden ser curadas por los médicos (hay lugares en los que incluso ocultan al paciente su propia historia clínica). Pero no siempre las cosas son tan graves como las pintan. Muchos datos de la población relativos a la salud se recogen por orden de empresas y clínicas y llegan a los medios de comunicación a través de agencias de relaciones públicas. Con bastante frecuencia, la cifra defendida de los casos clínicos se reduce a estimaciones arbitrarias. [7] En inglés este fenómeno se denomina *disease mongering* (tráfico de enfermedades) [8] y su premisa no es un alegato hippie difícil de probar: publicaciones *mainstream* y prestigiosas como la *New Scientist* lo han denunciado.

Todo este pequeño desvío del tema central es para que no temas si, eventualmente, no puedes pagar un seguro privado. Un consultorio particular es tal vez más bonito, pero no necesariamente tiene mejor atención médica. Yo misma he tenido varias experiencias muy desagradables con profesionales caros, que luego solucionaron por menos costo doctores de organizaciones no gubernamentales o de centros de salud de manera gratuita. Por supuesto que es mucho mejor que si te internan la decoración tenga buen gusto, plantas naturales y DVD que una pared descarada con una cortina detrás de la cual hay otro paciente, pero piensa bien cuánto estás dispuesta a pagar por si llegaras a necesitarla.

Otra opción es armar por tu cuenta un fondo de emergencias de salud además del IMSS o el Seguro Popular (al menos ten uno de ellos). Si cuando seas viejito no lo has usado puedes invertirlo en un crucero divertido o una aventura como la de Up! (del ahorro para el retiro freelance hablaremos más adelante)

Y, por supuesto: un estilo de vida saludable es una de las pólizas preventivas más importantes.

Ejercitarte previene el riesgo de enfermedades cardiovasculares, la depresión, la diabetes y un sinnúmero de padecimientos más. (No doy referencia a un estudio porque ya hay miles que indican esto).

Las vitaminas naturales (los antioxidantes que se encuentran en frutas, verduras y cereales) reducen las posibilidades de enfermarse. Incrementar el consumo de vegetales a 500 gramos diarios reduce el riesgo de contraer cáncer y aumenta la esperanza de vida en dos o tres años. Ojo: estos resultados son para las vitaminas naturales NO para los complementos alimenticios que pueden tener el efecto contrario. (9)

Estar informado sobre salud alarga la vida. Las personas que pueden leer y comprender datos relacionados con la salud viven más tiempo que las que no pueden. Lee pero no creas todo lo que se publica, compara, pide opiniones, busca publicaciones alternativas y especializadas. (10)

DE BICHO DE OFICINA A ANIMAL SILVESTRE

Una buena forma de transición para comenzar a freelancear es hacerlo mientras tienes tu trabajo en nómina. Trabajar en otras asignaciones en tu tiempo libre o en los huecos improductivos en la oficina te dará, además de una entrada más que se sumará a tu ahorro, experiencia y contactos. Necesitas armarte un portafolio para afrontar tu nueva modalidad de sustento. Un sitio donde puedas mostrar tu trabajo, tu curriculum y lo que tengas "de distinto": tus habilidades, estilo y características (algo sobre cómo hacerlo está explicado más adelante). Tienes que tener muy claro quiénes serán tus clientes, y cuál será tu producto o servicio. Una página web o blog actualizados, bien combinada con mucho movimiento en las redes sociales es imprescindible.

Pero, especialmente para empezar esta nueva vida tienes que sentir que es "el momento", una "voz interna" que te lo "diga". La que sigue es una historia ejemplo del proceso de transición de Cristina, una freelance valiente que se aventuró de un trabajo seguro a un proyecto con corazón. Cristina es creadora y actual editora de Corresponsal de Paz, un medio digital dedicado a mostrar una óptica diferente de periodismo, que trabaja bajo una perspectiva noticiosa con enfoque en la compasión, la solución pacífica y la esperanza. Antes de fundar su propio medio esta periodista trabajaba en cadenas de TV grandes y reconocidas (como CNN, NBC y Telemundo) y renunciar a ellas fue todo un desafío. Cristina ya tenía en mente (y alma) su proyecto cuando aceptó su último trabajo fijo, que le sirvió como puente a su objetivo.

> *"Acepté por varias razones: yo no tenía en ese momento dinero ni para comprar cigarros, también porque era un proyecto digital naciente, y yo quería saber cómo se hacía eso, ya que también estaba pensando en 'crear un sitio web' (aunque de temática harto distinta), pero sobre todo, acepté porque quien iba a ser mi 'jefe inmediato' era mi mejor amigo desde la infancia.*
>
> *Durante mis 2 años allí, trabajé en paralelo (en mi tiempo libre) para crear Corresponsal de Paz, e incluso, intenté que este tipo de periodismo 'permeara' en el lugar creando un blog. Sin embargo, al primer año comencé a buscar que me despidieran,*

siempre hablando con los jefes y diciendo la verdad: yo no pertenecía a aquél lugar, y mi idea interna de periodismo era cada vez más incompatible (y dolorosa) con mis labores. Pero no fue hasta el segundo año, cuando hubo ciertos cambios en la empresa, que me decidí hablar con uno de los ejecutivos. Una tarde me armé de valor y le pedí (por favor) que me despidiera… era mi último intento pues si decía que no, yo ya estaba dispuesta a presentar una intempestiva renuncia… Recuerdo haberle enseñado el bosquejo de mi proyecto y haberle dicho: "por favor, despídeme… yo no sirvo para mucho estando aquí, en realidad esto (el proyecto de paz en ciernes) es lo que verdaderamente quiero hacer…

Y fue así, como por un regalo del destino, supe que justo ese día había comenzado de manera interna y silenciosa en la empresa, un proceso de 'recorte de personal' por motivos económicos, de modo que esa misma tarde, mi amigo (y jefe inmediato) me contó extraoficialmente y en secreto, que: 'me había salido con la mía, y que al día siguiente, yo sería 'oficialmente' despedida de la empresa y (evidentemente) remunerada conforme a la ley por aquel despido…

Nunca dudé en 'irme', pero si dudé en el 'cómo' irme y sobre todo, en qué momento hacerlo, pues también estaba de por medio mi compromiso moral con mi amigo y jefe."

¿Qué fue lo más difícil y cómo reaccionó el entorno? "Todos me recomendaron que no lo hiciera" –asegura Cristina– ese año iniciaba la llamada 'crisis económica mundial' que aún hoy (dicen que) padecemos. Todo el mundo me dijo que 'no era el momento de aventuras', mi mejor amigo y mi familia me 'recordaron' amablemente y por las buenas, que yo ya no era 'una jovencita', y mis ex compañeros y amigos me decían (casi con cara de lástima) que yo era 'muy valiente' por tomar esa decisión… pero en el fondo, creo que a muchos de ellos les hubiera gustado mandar el 'estatus' al garete e irse a probar un bocado de pasión por la profesión y por la vida, que fue exactamente lo que yo sentí en ese momento (y sigo sintiendo ahora) que estaba haciendo". (Cada vez que releo este párrafo me dan ganas de vivir). ¿Qué consejos da esta profesional para quien quiera lanzarse a la aventura como ella?

> *En general, yo les recomendaría que sigan lo que les pide su corazón y que a 'eso' sea a lo que le consagren su mente y sus energías. Recomendaría si es posible, buscar 'algún buen momento' vital para hacerlo, pero que no lo piensen mucho porque seguramente todo el entorno (interno y externo) les dirá que 'eso es una locura y no va a ningún sitio'… ciertamente que sí será una locura, porque el corazón no pide cosas cuerdas, el corazón pide cosas grandes y cosas maravillosas, pero no cuerdas… algún día*

leí por ahí una frase que me encantó: "Si tus sueños no te asustan, significa que no son lo suficientemente grandes"...

Aconsejo planearlo o reflexionarlo al menos durante un tiempo, pero no largo y definitivamente, aconsejo que esa reflexión o esa planeación signifique que 'le estarán dando energía para que crezca eso que quieren hacer' al menos en sus pensamientos y si se puede, con cosas tangibles: empezar a estudiar en los ratos libres sobre cosas relacionadas al proyecto, empezar a contactar con gente del ámbito, etcétera. Y que el miedo no sea un impedimento sino un motor.

Cristina piensa que no hay que dejar que la parte económica sea el timonel de la decisión (aunque no hay que despreciarla). "*Tal vez no para todos es fácil... pero todos tenemos la capacidad de hacerlo, En mi caso llevo años entrenándome en esto de "romper el miedo saltando al vacío, y luego, después de saltar, mirar abajo para comprobar si había (o no había) red"... a la segunda, tercera, cuarta vez que lo haces, el vértigo se disfruta ... y para los casos en que descubres que no había red, no queda más remedio que improvisar para detener la caída o al menos, aminorar los daños.*"

Pese a que no es fácil, el saldo le da positivo: "*He ganado seguridad en las cosas intangibles de la vida y eso me ha fortalecido. He ganado autoestima, fuerza interior para no dejarme abatir por la 'opinión ajena', orden mental y entrenamiento para enfrentarme a mis 'pequeñas grandes batallas internas', y muchos amigos en este camino. (Y curiosamente, mi sempiterna angustia por la parte económica ha hecho que con el tiempo mis necesidades materiales hayan disminuido muchísimo. Antes solía pensar que 'necesitaba' esto o aquello, y ahora puedo distinguir entre una 'necesidad' o 'deseo' (o capricho)."*

El proyecto "Corresponsal de Paz", con lectores de 70 países, fue elegido como una de las "25 historias de Paz más inspiradoras del mundo", publicadas en el libro "Peace 2.0" editado por la organización internacional *Global Partnership for the Prevention of Armed Conflict* con sede en la Haya, Holanda. Cristina vive en Zacatecas con sus 14 gatos y su perro, y es una activa luchadora por la protección animal.

Entonces, recapitulemos Este sería más o menos un resumen de plan en 5 pasos fáciles (ok, no tan tan fáciles ;))

1. Examina tu vida para rediseñar el todo o las partes que quieras cambiar.

2. Anota con detalles qué tipo de trabajo freelance quisieras hacer: decide cuál será tu producto o servicio, quiénes serán tus clientes.

3. Prepárate: busca la formación y los contactos necesarios: contacta colegas para que te consideren y

recomienden. Haz todos los días una acción (o más) en este sentido. No lo dejes para "más adelante" (más adelante siempre queda más adelante, como la olla de oro del arco iris).

4. Arma el colchón: ahorra, asegúrate.

5. Renuncia sin quemar los puentes, agradece y acentúa lo positivo que obtuviste en tu empleo fijo. Diles que pueden contar contigo en esta nueva modalidad.

¡Ya! Eres un freelancer. Ese vértigo que sientes (como un extraño vacío entre panza y el pecho, entre una indigestión y ganas de comerte el mundo) es el mareo por las olas de la incertidumbre. Recuerda tu postura, firme, atento y flexible como un junco experto en rafting. ☺. Welcome.

-BONUS TRACK-

SECRETOS DE LA VIDA SIMPLE APTOS PARA TODO PÚBLICO (Y PORQUÉ ESTA TENDENCIA CONVIENE A LOS FREELANCERS)

S*implifica, simplifica, simplifica,* escribía extasiado Henry D. Thoreau en Walden o la Vida en los Bosques (publicado en 1854 y tal vez el texto fundamental de la vida sencilla), el libro que relata como el filósofo se retiró por un par de años para dedicarse a la contemplación de la naturaleza y que ya mencionamos antes. Si bien muchos de los seguidores de una existencia más sustentable consideran su premisa desde hace tiempo, una nueva ola que abraza el poder que encierra la frugalidad, la simplicidad voluntaria o el minimalismo como conducta y estética vital parece haber resurgido recientemente. Diversas disciplinas y propuestas lo demuestran. Aunque en general se asocia "minimalismo" con diseños de líneas claras y ambientes despojados, la tendencia no implica solo la ausencia de adornos, sino una estructura ética que llama a vivir con menos objetos, comprar y gastar menos, eliminar las actividades que absorben tiempo y energía y no otorgan a cambio algo de suficiente valor y sustancia. Ahora hay deportistas minimalistas (los *barefoot runners*, que deciden correr descalzos o con un calzado muy sencillo alejado de los tenis ultratecnológicos), chef minimalistas que llaman a armar platos con dos, tres y hasta cinco ingredientes para no hacer los menús saludables complicados, estilistas de moda minimalistas que sugieren regalar todas las prendas del closet y solo quedarse con un número limitado prendas combinables en total, bloggers minimalistas que dan consejos sobre este asunto y diseñadores de muebles e interiores que llevan al extremo el arte de hacer cada pieza expandible, multifuncional y transformable.

¿QUÉ TIENE QUE VER ESTO CON EL FREELANCEO?

Bueno, bastante. Hacer un relevamiento sobre qué es una necesidad y qué no, y conocer cuáles son nuestra agenda más sustancial es una tarea fundamental para los que vivimos haciendo rafting en la incertidumbre de las fluctuaciones de presupuesto, pero además, ponernos en sintonía minimalista nos coloca en control de nuestras cosas, lo que implica menos estrés, un daño al medio ambiente más reducido, mejores finanzas y una vida con más sentido. Justo, se supone, para lo que muchos nos hicimos freelancers.

No se trata de perder comodidades, sino de hacer un ejercicio de conciencia y dar tiempo y espacio para lo que más importa. Por otra parte, está ya probado que los bienes materiales no "hacen la felicidad": ni las camionetas familiares relucientes ni las máquinas de café con George Clooney incluido, ni los zapatos de Carrie Bradshaw son "la respuesta". Los científicos han coincidido en que son las experiencias y no los objetos la mejor manera en la que podemos gastar nuestra lana en pro de ser más felices. Es cierto que en estos tiempos con tantas posibilidades de consumo (al menos en las clases medias de los países en vías de desarrollo y en general en los desarrollados) cambiar a una vida más simple no es tan fácil, y especialmente, no es hacia lo que la sociedad te alienta. Pero hacer la prueba puede valer la pena, y de ningún modo hace correr peligro las metas profesionales a las que queremos llegar. Recuerdo una miniplática hace muchos años con una periodista independiente a quien admiro mucho: Alejandra. Ella solía reírse porque tenía un solo *outfit* para ir a hacer entrevistas: un pantalón y una camisa blanca y holgada, con unos bordados también blancos. Siempre usaba lo mismo. Alejandra ganó uno de los reconocimientos más importantes del mundo en su terreno –un premio Pulitzer–, hace poquito. No necesitó trajes caros que afirmaran que es estupenda. Su inteligencia aguda y su constancia la llevaron a brillar internacional y merecidamente. (Y tal vez la camisa traía algo de suerte).

Comprar objetos cuesta tiempo y dinero (el dinero lo ganas usando tiempo, es decir: vida). A veces las cosas valen lo que cuestan, a veces no. Muchas personas consumen "en automático", compran algo porque todo el mundo lo tiene, porque están aburridos, porque nomás pasaban por el centro comercial, o porque creen que les va dar una satisfacción que, a largo plazo, nunca llega. Tengo varios conocidos que han estado atados a trabajos de oficina que detestaban o los mantenía estresados e insatisfechos. Pagaban plasmas cada vez más grandes, shampoo y acondicionadores cada vez más caros, teléfonos cada vez más sofisticados y casas rentadas en los barrios de moda, pero estaban tristes, fuera de forma, y no les gustaba levantarse en las mañanas. Algunos de ellos suponían que, aunque el freelanceo podía resultarles atractivo, no era para ellos porque la incertidumbre no les permitiría pagar esas bondades de la vida. Y es cierto, los imprevistos, sobre todo al principio, invitan a ser más austero.

Pero también es cierto que bajando los costos al máximo (sin sacrificar lo que de verdad es importante según tus necesidades profundas individuales) se es más libre de elegir en qué, cómo y cuándo trabajar.

Mi manera de abrazar la vida simple en los últimos años se ha fundamentado en principio, en mudarme fuera de la ciudad. Ahora vivo en un pueblo a una hora del Distrito Federal y mi alquiler al mes cuesta un quinto o de lo que vale el mismo espacio en alguno de los barrios céntricos donde vive el 80 por ciento de mis colegas. Si bien no es una situación perfecta ¿pero cuál lo es? el aire, las flores y los árboles me inspiran y hacen mis días más saludables. En el mercado compro alimentos buenos y frescos por monedas (comprobé que cuestan casi la mitad que un supermercado). Tengo todos los servicios y me gusta lo que veo por la ventana (una bugambilia, un cerro, muchos gatos). Mis muebles son en su mayoría reciclados, comprados en venta de garaje, lijados y pintados por mí (una actividad que me relaja luego de mucho trabajo intelectual). Hago gimnasia en mi casa con planes online de fitness gratis o salgo a correr. No tengo tele (aunque veo muchas series, tal vez demasiadas, en la computadora) ni un teléfono sofisticado con plan. Bajar los costos me ha permitido dar más tiempo a proyectos que tienen que ver más con mis metas personales (como este libro) y no tener que hacer tantas cosas "por dinero" (y también estar menos desesperada cuando este no fluía con la velocidad adecuada, cuando la "ola" de la incertidumbre azotaba más que nunca).

No es mi intención criticar a quiénes tienen o gustan de objetos costosos, cada quien sus elecciones., por supuesto. Ni tampoco todo el mundo debe seguir mi ejemplo de vivir en las afueras o comer arroz integral. Mi punto es otro: que las cosas –las cosas que se supone que debes tener si eres un joven creativo urbano, por ejemplo– no te vuelvan un esclavo. Las que siguen son claves de expertos en minimalismo para hacer la vida más libre y liviana.

1. Identifica qué consideras esencial: El primer paso para simplificar la propia vida es darse cuenta de cuáles son las cuatro o cinco cosas más importantes y coordinarnos de acuerdo a ellas. ¿Qué es lo más importante para ti? ¿Crecer

en tu carrera? ¿Hacer deporte? ¿Estar con tu familia o pareja? ¿Aprender algo nuevo? ¿Viajar? Una vez que sepas qué consideras una prioridad es hora de empezar a hacer sitio (en tiempo, energía, recursos) para estas cosas, eliminando de a poco lo que no sirve para tu proyecto más profundo. (Mira tu agenda, tus compromisos, tus compras, tus tareas y planes y fíjate que está alineado o no con tus esenciales. ¿Hay algo que los contradice? ¿Es posible eliminarlo? (1)

***RECOMIENDO HACER ESTE EJERCICIO CADA UN TIEMPO DETERMINADO PARA REVALUAR PRIORIDADES. PUEDE SER QUE UN AÑO TU ESENCIAL SEA UNA COSA, PERO AL AÑO SIGUIENTE OTRA. RECUERDA QUE CAMBIA, TODO CAMBIA.**

2. Edita: es decir, prioriza, ordena, enfoca: El desorden invita al caos mental y la procastinación ("perder el tiempo"). Tener menos cosas materiales hace que pierdas menos horas cuidándolas y ordenándolas (sin contar los días que gastaste para lograr el dinero con el que las compraste). Piensa antes de comprar: ¿esto realmente me hará feliz? ¿Lo necesito? ¿voy a usarlo? Evalúa los costos y beneficios de cada cosa en la que pongas tu energía, tiempo y dinero. (2).

3. Juega, prueba, practica, se creativo: te sorprendería el éxito que tienen un montón de bloggers y coach dando soluciones minimalistas para diversos aspectos de la vida. Ponte a prueba armando presupuestos saludables para tu

alimentación (compra a granel, en mercado, al mayoreo, planea menúes), tu clóset (elige un número determinado de básicos combinables de buena calidad, en theproject333.com hay ideas muy divertidas), el orden de tu casa (sobre todo si es también tu espacio de trabajo, el caos no ayuda a la concentración), haz "limpiezas de primavera" (aún en otras estaciones), tira lo que te estorbe, busca espacio para pensar mejor (y ahorrarte sacudir los muebles).

CAPÍTULO 4

MANUAL DE "CAZA Y PESCA" DE CLIENTES

Sea cual sea la profesión que queramos ejercer de modo independiente, tres cosas son esenciales para abrirnos camino, sustentarnos, crecer y avanzar.

(1)

LA COMPETENCIA. Las habilidades. Ser muy buenos en lo que hacemos.

(2)

DEMANDA. Que nuestro producto o servicio sea algo que el mercado necesite o desee.

(3)

CONEXIONES. Que los clientes posibles nos conozcan, crezcan y se multipliquen, que nos recomienden "boca a boca" y nos hagan abundantes encargos y compras.

PRIMER PASO: ¿CÓMO SER MUY BUENOS?

Los empleados en nómina de una empresa (ok, no todos) pueden ocultar su mediocridad o flojera así como minimizan la ventana del face cuando pasa el jefe. Según su tarea pueden hacer tiempo hasta la hora de salida sin que demasiados lo noten, pueden no proponer nada nuevo ni destacarse sin que nadie les reclame. Un freelancer está por su cuenta y si solo "finge" que trabaja, no come. Los clientes rápidamente sabrán si cubres o sobrepasas sus expectativas, si tu trabajo está "solo bien" o regular, si los haces felices y les "solucionas la vida", o los complicas y decepcionas.

Si quieres que cuenten contigo y te recomienden debes convertirte en alguien valioso para lo que necesitarás:

PREPARACIÓN,

PRÁCTICA

PASIÓN

Si éste fuera un libro gringo las presentaría como "el poder de las tres Pes (tal vez con el diseño de una P al cubo) y algo tipo "la fórmula secreta de los ganadores"). La preparación la da la escuela o la universidad, o el tipo de formación que elijas para acceder a la teoría y bases en tu área, pero es un error pensar que esto es suficiente. Solo con la práctica aprenderás qué funciona y qué no de lo que te enseñaron, y solo con la práctica te podrás volver un experto y alguien "fuera de serie". Malcom Gladwell, un conocido periodista de investigación justamente dice en uno de sus libros con ese título que solo alguien que practique al menos 10 mil horas su arte brillará entre el resto (él pone a los Beatles y a Bill Gates, entre muchos otros, como ejemplo de su hipótesis).

* * *

***INVERTIR EN EDUCACIÓN, PREPARACIÓN Y ACTUALIZACIÓN Y COMPLEMENTACIÓN DE CONOCIMIENTOS DE TU CARRERA ES UNO DE LOS MEJORES GASTOS QUE PUEDES HACER. ESO NO IMPLICA NECESARIAMENTE EDUCACIÓN FORMAL EN LA UNIVERSIDAD SINO CURSOS, LIBROS, SEMINARIOS Y HASTA VIAJES QUE ABRAN TU MENTE.**

* * *

Con respecto a la pasión, en mi opinión, es una de la claves no solo para tener éxito como freelancer, sino para tener ganas de levantarse en las mañanas y para que la vida valga la pena. No todo el mundo tiene definida su vocación pero aquellos que la tienen, tienen mucha suerte. Es más fácil quedarse trabajando hasta la madrugada, actualizarte por gusto, que te brillen los ojos y tu visión de las cosas sea "contagiosa", cuando amas lo que haces. Esto, claro, se puede "chocar" o contradecirse con el siguiente punto: la demanda.

¿ES EL MERCADO UN DIABLO AL QUE HAY QUE SÍ O SÍ VENDERLE EL ALMA?

Esta es la pregunta del millón para un montón de gente. Si tu pasión es algo muy raro con pocas posibilidades de ser rentable (por ejemplo la danza tradicional del sector oeste de la antigua Checoslovaquia) tendrás que decidir si tienes alguna otra cosa que también te guste relacionada o no con el tema, o quieres permanecer intransigente y solo dedicarte a esa cosa específica. El tema de adaptarse o no a los requerimientos del mercado y producir lo que sabemos hacer de manera vendible desvela a muchas personas creativas y con buenas intenciones que conozco y causa bastantes desacuerdos y discusiones.

Hace poco vi a X, una colega muy idealista desesperarse (y tener graves problemas económicos). X se quejaba fervorosamente de que nadie quería comprarle unos largos artículos históricos. Ella decía que eran muy interesantes pero nadie compra textos largos ahora, y culpaba a los medios desinteresados y superficiales. Ante la sugerencia de cambiar el formato para hacerlo más *adhoc* a los tiempos que corren, X contestó que eso era "una m**ada".

¿Tiene razón X? Sí y no. ¿Van a dar marcha atrás los medios y sus nuevos modos de presentar los contenidos? Probablemente no. ¿Estaría mal si X se adaptara, cortara sus escritos, los volviera más "pop" y pudiera, por ejemplo, pagar el gas y ya no bañarse con agua fría? Tampoco. Eso es una decisión personal. También podría publicarlos gratis en alguna revista académica así como están. ¿Qué es lo correcto? Para mí, aquí y ahora, lo que coincida con tu ética y tu corazón. También, hay concesiones y concesiones. Yo no tengo problemas en escribir y vender "100 recetas de mermelada" (aunque seguro no me ganaré por ello un premio de literatura ni el respeto de cronistas engreídos), pero sí tengo problema, por ejemplo, en escribir alguna propaganda sobre algo con lo que estoy moralmente en desacuerdo (por ejemplo, la venta de animales). Cada persona tiene sus ideas, límites y prioridades y a la hora de ver de qué modo vas a participar del mercado.

***ENOJARSE CON EL MERCADO, EL SISTEMA, EL CAPITALISMO, LA BANALIDAD DEL MAL, ETCÉTERA ES UNA GRAN PÉRDIDA DE TIEMPO Y ENERGÍA. ESO NO QUIERE DECIR QUE VAYAS A HACER VENDER-PRODUCIR ALGO QUE ESTÉ EN CONTRA DE TUS VALORES O PRINCIPIOS. PERO SI HILAS DEMASIADO FINO, VAS A SABOTEARTE.**

Para abrirte camino como freelancer tendrás que dar un servicio o vender un producto que el mercado requiera. Indignarse porque lo que tú quisieras vender nadie lo quiere es una pérdida de tiempo, o tal vez un problema de enfoque. Puede ser que lo que tú hagas tenga un campo fértil con otro "nicho" (otro sector de la población) oen otra parte del mundo. ¿Has buscado? ¿Estarías dispuesto a viajar? Para ganarte el sustento debes identificar qué es lo que más se compra dentro de lo que sabes hacer y ofrecerlo. ¿Y qué pasa si eso no es lo que más te gusta producir?

Mi amiga T es una freelancer muy exitosa. Es editora y psicoterapeuta. Vive en un hermoso y amplio departamento con objetos de arte que compró en sus viajes por todo el mundo, tiene una camioneta y una gata negra brillante. Para pagar este estilo de vida, T. trabaja en algo que X no haría, unos encargos para unos empresarios aburridos de temas que a ella no le interesan para nada. Sin embargo, son asignaciones fijas ¡la salvación de todo freelancer! que le permite pagar sus altos gastos fijos.

T prioriza su estilo de vida y no se siente insultada en su creatividad si tiene que imprimir anuncios de tornillos.

*DEFINE TU PRIORIDAD: ¿QUÉ ES LO QUE MÁS TE INTERESA HOY? ¿GANAR DINERO? ¿HACER CAMINO EN TU OFICIO? ¿CÓMO TE VES EN UN AÑO, EN DOS, EN CINCO, EN 10? ¿QUÉ NECESITAS HACER HOY PARA QUE SE CUMPLAN ESAS EXPECTATIVAS EN EL FUTURO?

CUANDO ELIJAS UN CLIENTE (O BUSQUES QUE ÉL TE ELIJA) PREGÚNTATE ¿ESTO ENCAJA CON MI PORTAFOLIO, CON MI VIDA, CONMIGO?

PERO CUIDADO:

También es importante que sino no es "lo tuyo" no hagas SOLO anuncios de tornillos (o lo que sea que no te entusiasme pero te haga dar dinero) porque si nada más haces ese tipo de cosas los clientes potenciales te identificarán con ese estilo de trabajo y quedarás "atrapado" en esa imagen. Si siempre aceptas "cualquier cosa" te llamarán para "cualquier cosa", si quieres ganarte la vida con productos o servicios más significativos para ti deberás intentar abrirte camino en esos espacios.

Tanto X como T son modelos de relación con el mercado. Ahora bien, ¿existirá la conjunción de las dos cosas, poder vender como pan caliente algo que me guste hacer y a la vez alimente mis ideales más profundos?

CLARO QUE SÍ. Es un mundo complejo y tal vez esto no ocurra 24/7, un continuum infinito. Pero por supuesto que puedes intentar encaminar tu oficio para que nutra tu bolsillo y tu alma. Cuando este tema me preocupa mucho, suelo pensar en Rick, un clavadísimo exvecino guitarrista que tanto acompaña con su instrumento a jóvenes cantantes pop (algunas de ellas muy famosas, otras empezando sus carreras) como forma parte de proyectos musicales raros y alternativos. Como mi departamento quedaba arriba del suyo yo solía escuchar los largos ensayos de los hits que las chicas de moda iban a presentar en su show, pero evidentemente Rick se cansaba y metía algo de *Led Zeppelin* o *Pink Floyd* en medio de los acordes pop. Una vez le pregunté si le avergonzaba que lo asociaran con el pop, siendo que él prefería el rock o el metal, y me dijo que no, que no tenía ningún problema con eso. Viéndolo tocar todo el día, dar clases, y tanto acompañar a Shakira como tocar en un pequeño bar con poca gente me di cuenta de que él es un claro ejemplo de *flow*, él vive en la música, vende la música, toca todo el día y no necesita demostrarle al mundo quién es, porque ya lo sabe.

Los pies en la tierra, la cabeza en el cielo, como con el Yoga.

NETWORKING: EL GRAN MALENTENDIDO

El freelancer es un cazador solitario…pero no tanto (como lo "hablamos" en el *bonus track* 2) Puede que estés solo mientras trabajas, pero sin relaciones con colegas, clientes reales y posibles, y gente de tu ramo, te marchitarás hasta la inanición creativa (y/o la inanición real, je). Necesitas un feedback constante para nutrirte y crecer.

Una de las claves es lograr y mantener conexiones valiosas, el famoso "networking" que a alguna gente (los extrovertidos) les sale perfecto y natural y los introvertidos les da pánico y dolor de cabeza.

¿Es necesario estar en cada uno de los eventos de punta en blanco y copa en mano sonriéndole a todas las caras que te parecen influyentes?

Los expertos dicen que esto no es necesariamente eficaz. Si te gustan las relaciones públicas y tienes tiempo y energía para todo esto puede sumar, siempre y cuando logres contactar con las personas adecuadas. Si tienes alguien que te presente con un cliente posible puedes pedirle que lo haga, o también puedes presentarte tú. A mucha gente le da miedo o pena esto pero no hay nada de malo en decir: –"¿Usted es fulanito de tal?, encantado, soy xx, muy interesante su proyecto tal y tal y alguna pregunta de actualidad que tenga que ver con el medio.

Si no es alguien súper público puedes pedirle alguna dirección de Twitter o Facebook o un mail para comentarle algo luego.

ES CIERTO: "SANTO QUE NO ES VISTO NO ES ADORADO" #DICEN. ¿CUÁL ES ENTONCES EL JUSTO EQUILIBRIO EN ESTE ASUNTO?

Si no eres muy de "ir a eventos" y ser figurita de coctel, este es el mejor momento para "disimularlo". Aprovecha la tecnología.

Las redes sociales acortan mucho las distancias entre freelancers y targets de asignaciones a los que estos aspiran. Desde mi punto de vista la mejor manera es seguir a todo el mundo, enterarse en qué andan, e interactuar sin miedos.

Una buena regla para llamar la atención es ser una fuente confiable sobre determinado tema, o experto en un servicio determinado. En tu página –Twitter o Facebook– es inteligente colocar información útil, ingeniosa y escasa para la gente del medio con la que quieras destacarte.

Es importante también tomarse el tiempo de entender quiénes son, qué prefieren, qué necesitan y qué valoran los que quieras que sean tus futuros clientes.

Algunas personas señalan que no es bueno ser demasiado "uno mismo", quejarse, criticar, decir intimidades o hacer demasiados chistes porque eso puede repeler clientes y encargos.

Esto puede ser cierto, pero también puede ser se acerquen otros que te respetarán por tu sinceridad, valentía o sentido del humor. ¿Cómo encontrar el equilibrio en este asunto? Hay que encontrar lo que los gringos llaman *brand voice*: tu voz como marca, el alma de tu comunicación, el tono con el que te presentas ante el mundo. ¿Cómo quieres "sonar" como freelancer? Aunque la autenticidad es la clave (porque las audiencias suelen notar cuando estás fingiendo), **SER AUTÉNTICO NO SIGNIFICA DECIR TODO LO QUE PIENSAS SOBRE TODOS LOS TEMAS TODO EL TIEMPO ANTE TODO EL MUNDO.** Más bien lo que se necesita es decidir que faceta de ti mismo quieres mostrar a tus clientes presentes y futuros. Ten claro tu objetivo. ¿Quieres sonar divertido y algo sarcástico, fresco y juvenil? ¿Un toque hipster? ¿Cómo una autoridad? ¿Apto para todo público? ¿En qué plataforma quieres tener éxito con tu producto o servicio? ¿Algo “under” y contracultural o “mainstream” y comercial? (consejo de tía freelancer, es importante decirse la verdad a uno mismo en esto y no dejarse contaminar por prejuicios, hay muchos casos de frustración de algunos que dicen que “se conforman” en un ámbito cuando quieren brillar o ser reconocidos en otro).

Más allá de lo que decidas para tu marca personal considera el factor emocional. Los clientes compran aquellas marcas con las que conectan a un nivel emocional y se alejan de las que no las hacen sentir nada. Las relaciones de mayor duración y fecundidad entre un freelancer y su cliente se dan también cuando hay un “click” entre ellos, un intercambio justo y fructífero para ambas partes. Busca eso y promueve eso en las redes.

PON TU MARCA FREELANCE EN INTERNET:

EN FACEBOOK:

» Proclámate experto sin alardear, cuenta qué te mantuvo ocupado ese día o semana. Ejemplo “un gusto participar de/entrevistar a/conocer a/etc.”

» No difundas memes tontos ni noticias de procedencia dudosa.

» Si tienes tías/abuelas/sobrinos que no comprenden las reglas de la sociedad virtual o cuelgan fotos de cuando estabas en pañales, tal vez sea buena idea una cuenta de negocios y otra personal.

En Twitter:

» Brinda información interesante, haz de "curador" de los temas de tu profesión.

» Participa en las conversaciones en las que puedas aportar algo.

» Sigue a todas las personas que admires en el país y en el mundo, aprende en qué andan.

En tu blog o página web:

» Si es web, muestra tu portfolio e indica claramente donde localizarte. Si es blog, mantenlo actualizado y *ad-hoc* con la imagen de marca que quieras dar.

En un evento:

» Escucha a los demás, estate atento a movimientos, quién es amigo de quién, preséntate cordialmente, ve informado sobre la presentación, autor, o lo que sea motivo del encuentro.

» Lleva tarjetas pero no las impongas.

» No seas un cazador de cocteles (eso es de amateurs, los profesionales se compran los propios).

CÓMO CONSEGUIR EL PRIMER CLIENTE

Si estás recién salido de la universidad yo recomendaría no freelancear directamente sino pasar algún tiempo como becario o trainee (SIEMPRE PAGO, aunque sea poquito, NO TRABAJES GRATIS) en lo que sea tu especialidad. Eso te dará el conocimiento práctico sobre el modo que se mueven las cosas en "la vida real".

Cuando vine a México a "probar suerte" no tenía dinero ni contactos, pero sí tenía un título de periodista y experiencia en mi profesión y estaba determinada a trabajar de escritora, así que no me quedó otra que lanzarme al "abismo". Es decir, llamar y preguntar directamente si habría espacio para mí en alguno de los medios que eran mi especialidad. Lo que llaman *cold call* o llamada en frío. Yo he usado en varias ocasiones este sistema (primero con mails y luego con llamadas). "Hola soy fulanita de tal, periodista, me gusta mucho su publicación, me preguntaba si podría colaborar, tengo tal y tal experiencia, me gustaría proponerles algunas ideas". Debo decir que pese a la mala fama de las *cold calls* a mí me han resultado la mayoría de las veces.

Es una manera informal de acercarse a un trabajo que uno quiere hacer como freelance pero puede ser una buena forma si justo del otro lado necesitan algo que tú sabes hacer bien.

Otra manera es pedirle a un cliente actual que te recomiende con un colega que pueda necesitar de tus servicios. Si él te autoriza puedes decirle "le escribo de parte de tal" y eso funcionará como recomendación.

NO DEJES DE TENER PRESENCIA EN INTERNET QUE RESPALDE TUS OBJETIVOS

CÓMO MANTENER LA "LLAMA".

Una vez que consigas el cliente es fundamental mantenerlo como tal. Para esto lo mejor que puedes hacer es funcionar como solución, considerando qué es lo más importante para él. ¿Qué espera él de ti? ¿Que trabajes rápido? ¿Que seas original? ¿Que le salga barato aunque quede más o menos? Averigua qué quiere (y si no lo sabe ayúdalo a saber pero que quede bien claro, en realidad hay pocas cosas peores que un cliente que no sabe lo que quiere).

Otra cosa destacable para mí es la teoría del "pilón":

Cuando vas al mercado y la señora de los elotes te regala

uno, es probable que le seas fiel y siempre le compres a ella. Lo mismo si eres freelance. Dar un poco más de lo que tu cliente espera te volverá valioso. Una idea aunque no te reditúe directamente a ti, una recomendación con un colega, un sitio donde encuentre soluciones, presupuestos baratos, algo que les sirva. Ser generoso se te regresa y mejora el mundo.

Por supuesto, esto es a los buenos clientes, a los explotadores que quieren que les pintes la Capilla Sixtina por dos pesos solo diles NO.

Y A PROPÓSITO, SABER CUÁNDO DECIR NO ES UNO DE LOS APRENDIZAJES ESENCIALES Y DE LOS MÁS DUROS PARA UN FREELANCER.

DI NO CUANDO:

» El pago sea ridículamente bajo. Perjudicas tu futuro y el de tus colegas cuando aceptas menos de lo que vales (ver bonus track de *pricing, Freelance Rico, Freelance pobre*).

» Si te da vergüenza el proyecto (pero ojo, sobre todo si estás empezando, es poco probable que te llamen los Stones para que hagas la próxima portada de su disco. Tal vez lo que haya sea dibujar el logo de la verdulería "La Papa Loca" y con eso pagarás tus cuentas). Si te parece tonto o ñoño el encargo es una cosa, el punto es decir que NO si estás en desacuerdo moral con el cliente (por ejemplo tienes que dibujar un puerquito feliz para un empaque de jamón y eres vegetariano).

» Todavía te deban pagos anteriores por demasiado tiempo.

No financies a gente que tiene más lana que tú.

-BONUS TRACK-

¿POLIMATÍA O MONOMATÍA? ESPECIALÍZATE PERO DIVERSIFÍCATE

¿Qué es mejor? ¿Saber mucho de una sola cosa o un poco de todo? ¿Dedicarte a una tarea, producto, tema, servicio en exclusivo o tener varias áreas en las que te mueves con relativa facilidad?

La respuesta no es fácil en este asunto. Sabemos que ser un experto te traerá clientes. Cuanto más nombre tengas en un área determinada, cuanta más autoridad seas, mejor te pagarán en mejores ámbitos. Esto es un hecho y para "construirte" como especialista debes diferenciarte de los demás. Un experto es alguien que sabe mucho de algo, pero sobre todo es alguien que es percibido –o "se vende" como tal. Esto se hace ocupándote principalmente de un tema que como vimos antes sea una necesidad del mercado y haciéndote visible allí, usando con inteligencia las redes sociales y la expansión de tu "marca personal".

Por supuesto no vas a ser especialista recién egresado, pero puedes hacerlo paso a paso, siempre que lo decidas a propósito, lo planees y lo ofrezcas a clientes y consumidores.

Entonces. Primero sí, hay que profundizar, volverte un experto en algo.

Sin embargo, esto no implica que aprender o manejar cualquier otra variante no sea un plus para tu vida y tu sustento. Diversificar el conocimiento y la competencia es útil y nutritivo (y hace nacer nuevas neuronas). No quiere decir que vayas a intentar producir algo que no dominas en absoluto, o no te gusta, o no te interesa aprender, si no que puede ser que tengas diferentes áreas de interés o capacidades y estaría bien darles una oportunidad (y conseguir beneficios con ellas).

A los que son maestros en varias materias se los llama polímatas y a lo largo de la historia ha habido varios ejemplos destacados de ellos. Leonardo Da Vinci fue tal vez el rey de los polímatas, artista, arquitecto, científico, filósofo, ingeniero, escultor, inventor y también músico, poeta, anatomista y escritor. En el Renacimiento había aún más ejemplos de esta especie de pulpos sabios multitasking, y el premio o validación del público (y los encargos por parte de los reyes y la alta sociedad) llegaban cuando una persona abarcaba y profundizaba en varias disciplinas y campos y alcanzaba esos ideales de desarrollo humano.

Las investigaciones al respecto indican que aprender a manejar varias materias a la vez te vuelve más creativo, innovador, y con menos probabilidad de padecer el desgaste de la memoria que sucede en la vejez. Algunos estudios señalan, por ejemplo, que quiénes hablan más de un idioma (bilingües o políglotas), tienen una mayor flexibilidad cognitiva lo que los hace más adaptables a las tareas variadas.

Los neurólogos han probado que en el aprendizaje (a lo largo de toda la vida) se generan nuevas células y nuevas conexiones neuronales. Las sustancias que facilitan esto se crean en situaciones novedosas, en estados de shock, o en estados de concentración intensa que se repiten con frecuencia. Un monómata que sólo se queda con lo que ya sabe, se pierde de esta posibilidad de *reloaded* y mejoramiento mental.

Hoy en día es la especialización en algo lo que más se aplaude, y si pones varias cosas en un *curriculum* puede ser que suenes como "disperso" o como si te lo hubieras inventado, por lo que en el caso de que manejes varios temas, servicios o productos, es necesario que lo hagas con inteligencia, que de alguna manera se integren, complementen, potencien o se "saquen brillo".

Por ejemplo:

EUGENIA ES ANTROPÓLOGA Y ESTUDIÓ PARA DOULA O ACOMPAÑANTE DE EMBARAZADAS EN EL PARTO. LEO ES ESCRITOR, CRONISTA, PERIODISTA CULTURAL Y DJ.

Otras combinaciones posiblemente exitosas:

- PERSONAL TRAINER + HEALTH COACH
- INSTRUCTOR DE YOGA + TERAPEUTA MASAJISTA
- CHEF + FABRICANTE DE PRODUCTOS COMESTIBLES
- EDITOR DE CONTENIDO+ CONOCIMIENTOS DE DISEÑO Y DESARROLLO WEB.
- ARQUITECTO + INTERIORISTA/DECORADOR
- ARTISTA PLÁSTICO+ DIBUJANTE + ARTISTA DEL TATUAJE
- MAESTRO DE BIOLOGÍA + EXPERTO EN CULTIVOS ECOLÓGICOS O PERMACULTURA, MUROS VERDES.
- DISEÑADOR DE MODA O ACCESORIOS + ORGANIZADOR DE BAZARES DE DISEÑO.
- MIL ETCÉTERAS.

Ocuparte de cultivar tu creatividad te hará una persona más despierta, capaz de elaborar un plan B de ser necesario (recuerda que para un freelancer es importante tener más de una posibilidad de sustento).

CAPÍTULO 5

NO HAGAN ESTO EN SUS CASAS

Y DAMOS VUELTAS A LA HELADERA Y SOLO QUEDA UN LIMÓN SIN EXPRIMIR/NOS DIVERTIMOS EN PRIMAVERA Y EN INVIERNO NOS QUEREMOS MORIR.

CHARLY GARCÍA

Es una cirugía de emergencia aunque no mayor. De todas maneras debo ser muy delicada porque "el daño puede ser irreparable". Lo tomo boca arriba, lo sacudo como para que el origami que hice con 100 pesos quede justo en la ranura. Con la pinza de depilar intento extraerlo suavemente. Se atoró. Auxilio. Vamos, que el doctor Shepard (RIP) y su pelo de laca inmóvil lograba cosas más difíciles.

Sale, arrugado pero funcional. El puerquito de barro queda intacto. Compro dos kilos de Cat Chow y un cuarto de queso oaxaca.

Atención, importante: nunca rompas la alcancía. Hacerlo tiene efectos depresores para el freelance. Mejor operar. Busca puercos con grandes ranuras o usa un frasco sin valor sentimental ni cara (una se encariña).

Esta no es la primera vez que pasa esto. ¿Qué fue lo que sucedió? ¿Por qué no tengo un peso? Bueno, algunos clientes no cumplieron con su parte. Dijeron que pagarían un día, no lo hicieron, dijeron que otro, tampoco. "Así es el freelance". "No te queda de otra" más que esperar. Dicen algunos. ¿De verdad? ¿La única alternativa es aguantarse?

De todas las entrevistas que hice, ante la pregunta ¿qué es lo peor de esta modalidad de trabajo?, el 100 por ciento respondió lo mismo. La demora en los pagos. Un freelance nunca sabe cuándo va a cobrar. Eso da mucho miedo y es una de las principales razones por las cuales incluso aquellos que desean lanzarse de lleno no lo hacen. Al poner este tema para debatir en las redes sociales, una arquitecta experimentada comentó que algunos trabajadores independientes tienen más resuelto que otros el asunto "honorarios". Si vas a un médico particular pagas la consulta y se acabó. Si eres arquitecto, diseñador, escritor, puede ser que te paguen en 2 meses, 3 o quién sabe, por "un problema de flujos". Y algunos suponen que no deberías quejarte, porque "así es".

Y ¿cómo se prepara una para esta circunstancia? Porque, digamos por más que hayamos ahorrado, si la situación se repite demasiadas veces, el "guardadito" puede acabarse.

¿Cómo se remedia esta situación?

En México hablar de dinero aún es considerado algo "poco cool". Cuando se toca el tema de modo casual, para saber cuánto pagan en el sitio donde trabajas o cuánto pagas de renta se dice "si no es indiscreción". (Mi sospecha siempre ha sido que se considera una indiscreción el hecho de preguntar porque la injusticia y la desigualdad son vox populi: se sabe que a unos se les paga cantidades desmedidas, a otros migajas).

Algunas empresas deciden pagar a 30, 60 o 90 días. Algunos encargos se pagan a más de 6 meses. La mayoría acepta estas condiciones (aunque los encargados de pagarte hayan cobrado dos, 4, 8 quincenas o más en ese período) como si fuera una especie de "castigo" por haber elegido ser freelance. A veces los encargados de firmarte el cheque desaparecen justo para las fechas que deberían estar pagándote y no dejan a nadie a cargo. A veces una secretaria envidiosa –o nomás medio marmota– traspapela tu recibo. A veces simplemente la empresa no te considera un ser humano y/o alguien que necesita dinero para vivir, porque total nadie se queja, ni reclama por temor a represalias como que no te encarguen más asignaciones, te pongan en una lista negra o te acusen de falta de glamour.

Pero quejarse al viento de las injusticias de los que toman las decisiones en este caso no nos sirve de mucho. Y "aguantarse" tampoco es muy útil, ni para pagar las cuentas, ni para construir la autoestima, ni para evitar las úlceras, ni para avanzar en la carrera y en la vida. Para evitar estar desprotegidos a merced de relaciones de trabajo abusivas es preciso tomar acciones y decisiones firmes, bien pensadas y contundentes.

Hace poco decidí dejar de colaborar en una revista que en reiteradas ocasiones prometió pagos un día determinado (un día bastante lejano luego del que se entregó el trabajo) y no cumplió. Lo hice por dos razones, una práctica: no me sirve dedicarle tiempo y esfuerzo a algo que no sé cuándo cobraré, necesito cuentas claras para sobrevivir. Otra, por principios: me parece mal que una empresa con fines de lucro use mi trabajo por tiempo indeterminado sin retribuirme, y sin siquiera pedir disculpas o avisarme que tendrían problemas para pagarme. Decidí escribirles un mail expresando estas cuestiones.

Luego expuse la situación en las redes sociales para consultar con colegas acerca de que se debe hacer en estos casos. Las opiniones no fueron unánimes. Por línea privada una colega me dijo que le encantaría mandar a la chingada a esta misma gente, pero que elegía "ser esclava" (sic) un tiempo más. Otros me sugirieron demandar. Ante la pregunta de si ellos, en ocasiones similares habían hecho público el asunto uno dijo que no "creo que pierdo más yo". Otro dijo que ya le había pasado y al reclamar al cliente que le pagara ya no le encargaron nada más. Este tipo de represalia es una de las más temidas, que te tilden de "conflictivo" solo por querer cobrar. Me enteré en estas conversaciones sobre un grupo cerrado de freelancers en Facebook (con más de 2500 miembros) que alertan a otros sobre clientes típicos de su profesión que no pagan o se tardan en pagar. Fue asombroso leer la cantidad de denuncias y la impunidad con la que se manejan algunas empresas. Le pregunté al organizador si en la historia del grupo se había demostrado que denunciar en las redes sociales servía o no para "hacer presión" para que pagaran antes o al menos se avergonzaran de sus prácticas y me dijo que no tenía pruebas de ello, que para lo que sí habían servido las denuncias era para alertar a colegas acerca de no trabajar en sitios que no respetan al freelance, lo que es, para mí, gran cosa.

En medio de opiniones, tips de ánimo y consuelo y likes, una frase-consejo de Alma, la correctora, fue LA epifanía.

"Lo que me ha ayudado es no arriesgarme con proyectos que de entrada sé que me van a pagar mal, que están limitados de recursos o que ha trascendido que la empresa se tarda una eternidad en pagar, en el mejor de los casos. Así que de plano trato de buscarme patrones solventes y decentes."

EUREKA. ALELUYA. LA RESPUESTA MÁS OBVIA, LA QUE ESTÁ ENFRENTE DE TU NARIZ, CON FRECUENCIA ES LA CORRECTA.

Es como con las relaciones. Trabajar para un cliente que no te paga o se tarda un tiempo ridículo en pagar es como salir con un patán (o patana). Que te dice que te llama pero no te llama o a quién le das más de lo que recibes.

Solventes & decentes, como te piden que seas para rentarte un departamento, será mi lema ahora. En el mismo momento dejé esta plática hice una lista de los contactos que a lo largo de mis relaciones laborales fueron respetuosos en trato y pagos e hice *reset*. Adiós patanes. *Fuck you.*

Alma me contó luego que el consejo se lo había dado un herrero, que harto de que le encargaran cosas y luego no se las pagaran, comenzó a trabajar solo clientes con recomendación y ya no le daba servicio a cualquiera. "Me pareció una decisión muy sabia esa de elegir a tus clientes de acuerdo con lo que esperas de ellos."

Muy bien por el herrero con alta autoestima, le deseamos desde aquí grandes forjas.

Entonces:

Damos por descontado, claro, la impecabilidad de tu trabajo y tu eficiencia y todos los detalles que vimos en el capítulo anterior. Ahora, bien. Antes de ofrecer tu trabajo a algún cliente desconocido o aceptar un encargo, asegúrate de no cometer estos errores:

ERROR 1. ESTAR DESINFORMADO

Información es poder. Pregunta a personas que hayan trabajado con esos clientes que tan formal, responsable y respetuosa es la empresa para la cual trabajarás. Si no conoces a nadie personalmente, busca en Twitter o en Facebook algún otro freelance y pídele por favor que te de algún tip. En general la gente entiende esto perfectamente y todos están dispuestos a ayudar. Únete a un grupo de Facebook con gente de tu profesión. En Facebook hay fotógrafos, editores, diseñadores, y más que se pasan datos, advertencias, y consejos. Mantente en contacto con tus colegas y apóyense mutuamente.

» PIDE REFERENCIAS, GOOGLEA, AVERIGUA (Y STALKEA SI HACE FALTA) si no son solventes & decentes, como recomendó nuestro amigo herrero, next.

» Si un pago no te llega el día acordado, llama inmediatamente para saber qué sucedió. No siempre es mala voluntad o desconsideración de la empresa, a veces ocurre algún imprevisto, una traba en el sistema, la persona que se ocupa de eso tuvo un inconveniente de fuerza mayor, etcétera. Ahora, si NUNCA te pagan en el momento acordado, evalúa todas las variables (qué tan bueno o qué tan equis es para ti ese contacto, si puedes o no prescindir de la cantidad que se te paga, si puedes reemplazarlo por algo mejor o similar) revisa si te conviene seguir esa relación profesional y por sobre todas las cosas: no te dejes.

» El tono para reclamar pagos atrasados debe ser firme y profesional, dejando bien claro que no te da lo mismo que te paguen o no. Los expertos suelen decir que "el que se enoja pierde". Por otro lado, esta es además una cultura donde está peor visto levantar la voz que dejar de pagarle a alguien por tres meses y mandar a una secretaria que te diga con su mejor cara de nada "gracias por su comprensión". En lo personal creo que una actitud firme y zen sería lo mejor (pero no he alcanzado ese grado de iluminación). También he comprobado que cuando te enojas o muestras tu angustia real algunas personas se apuran a cumplirte, no porque es lo correcto, sino para evitar esa situación embarazosa.

NO QUITES EL DEDO DEL RENGLÓN

Si la empresa continúa sin pagarte después del primer reclamo no te rindas y continúa insistiendo por mail o teléfono.

ERROR 2. NO CUMPLIR CON LOS DEBERES FISCALES

Para ser freelance debes estar dado de alta en Hacienda, generalmente como Persona Física, debes hacer tus declaraciones (mensuales o anuales según te corresponda) y facturar electrónicamente mediante un tercero o con el sistema gratis que ofrece el SAT. Uno de los errores más comunes de los freelancers es "hacerse bolas" con todo esto o no tener los documentos en regla para poder cobrar o incluso poder darse de alta. Un creativo amigo mío que toma fotos estupendas y diseña hermosos carteles nunca tiene un peso porque en 10 años porque no tiene recibos ni RFC ni nada. La bohemia está buena para usar sombreros, leer autores oscuros y tomar vino entre semana pero ponerse hippie con estos asuntos solo te perjudica.

Los pagos se atrasan frecuentemente porque uno no llenó bien la factura, se equivocó en algo absurdo como un puntito o un guión. En el momento de facturar averigua quién es el encargado de recibir tus recibos, pide asesoramiento claro a esa persona o a un compañero experto. Averigua exactamente como se llenan –cada empresa tiene sus manías– qué día suelen recibirlos y cuánto demora el proceso. No está demás conocer el nombre de los de finanzas, tener algún mail o extensión del más simpático. Dale seguimiento tus recibos, no los dejes "a la buena de Dios". Si puedes, además contrata un contador de confianza que te asesore y lleve tus papeles.

ERROR 3. NO HABLAR CLARO DE LAS CONDICIONES POR ANTICIPADO

Mucha gente siente pena de preguntar cuánto y cuándo le pagarán, como si plantear estos asuntos básicos fueran una grosería. Pero créeme, aquellos a los que les va bien, lo hablan y esos profesionales que te están encargando tus trabajos se tomaron el tiempo para negociar su posición. No tengas miedo de preguntar cuánto y cuándo, si habrá un contrato de por medio (debería haberlo) y cuáles son tus garantías (y recuerda el error 1, averigua sobre la confianza que puedas tenerle al prospecto).

ERROR 4. ABARATARSE

Todos hemos tenido malas rachas y aceptado encargos que no estaban bien pagos y hasta ridículos. Pero para que el freelancing sea una opción viable, es necesario que exijas pagos en buen tiempo y forma y que aprendas a decir NO cuando las condiciones sean injustas. Además, las tarifas bajas hacen que no te veas como un profesional, sino como un amateur. Ve el siguiente bonus track sobre pricing: como cobrar según tus habilidades, experiencia, y más.

ERROR 5. NO PREVER

Si no eres una persona organizada por naturaleza, usa una agenda un pizarrón con calendario de planeación para controlar asignaciones, las horas o los días que te llevará hacerlas, cuándo será cada pago, qué día vencen tus gastos fijos. Planea por lo menos 3 meses hacia adelante y aplícate para encontrar soluciones en los meses que aparezcan más flojos. Ahorra un porcentaje de cada cheque/pago que entre o si puedes, una suma fija por mes. Ten una estrategia de emergencia que calcule las peores circunstancias. ¿si ninguno de tus clientes te paga a qué harías? ¿Tienes alguien o algo a quién recurrir? ¿Dinero ahorrado? ¿Una tía rica? ¿Un plan B?

Otra cosa esencial relacionada con la previsión es que decidas, cuanto antes, cual será tu plan de retiro. Probablemente si eres joven no se te hace una prioridad y ves tu jubilación demasiado lejos, pero créeme, cuanto antes comiences será mejor y más fácil, porque cuánto más joven seas menos dinero deberás aportar al mes y más tiempo estará éste "trabajando" y multiplicándose. Averigua AHORA si quieres seguir aportando de forma independiente al IMSS o a tu misma AFORE (si tenías un trabajo en nómina) o si quieres contratar un Plan Personal de Retiro (el gobierno da interesantes beneficios fiscales a quienes eligen hacerlo).

ERROR 6. NO TENER UN PLAN DE CRECIMIENTO

Así como en un empleo fijo la idea es que vayas escalando hacia puestos de mayor responsabilidad, en el freelanceo deberías aspirar a lo mismo, ya que eso representará una mejor calidad de vida. Y como no sucederá "en automático" la idea es que tú lo planees, preguntándote como querrás estar en un año, en dos, en cinco y en diez. Muchas veces el trajín y los encargos diarios, la energía para solucionar lo urgente, hace que nos olvidemos de hacer planes y luego estamos atrapados en la misma tarea, los mismos clientes (o peor, sin ellos), un presupuesto que ya no nos alcanza y una rutina aburrida. Esto puede evitarse con un plan. Pregúntate si quieres agregar alguna especialidad a tu profesión para ofrecer nuevos servicios y prepárate para ello. Junta cantidades determinadas de dinero para iniciar nuevos proyectos. Siéntate a planear detalladamente al menos cada 3 meses como mejorar tus ingresos y tu vida. Depender de un solo cliente y de una sola actividad es un error, diversifícate para estar más protegido y crecer.

ERROR 7. NO APROVECHAR "LO BUENO" DEL FREELANCEO

¿Qué chiste tiene ser freelance si te pasas 16 horas diarias en la computadora, no ves a tu familia desde Navidad, no cenas jamás con tus amigos, engordaste 6 kilos, tu alimentación son sopas de lata y nunca sales de vacaciones? Se supone que se es freelance para tener una calidad de vida mejor. Encuentra un ritmo saludable, fructífero, agenda la vida además de las actividades que te dan sustento.

-BONUS TRACK-

FREELANCE RICO, FREELANCE POBRE

¿Cuánto cobrar por tu trabajo? ¿Qué asignaciones aceptar y cuáles rechazar? ¿En qué ocasiones conviene intentar negociar? ¿Y en cuáles de plano escapar?

Manejarse con sabiduría en este tema puede ser un intrincado aprendizaje, donde a veces la realidad choca con los principios, la urgencia con la intransigencia, las compras del súper con los sueños guajiros. (Y muchas veces hay que aplicar la de Groucho Marx: "Estos son mis principios, si no le gustan, tengo otros"). El freelance es él y su circunstancia, y por supuesto no es lo mismo si estás haciendo tus primeros "pininos" en tu carrera, momento en el que podrás aceptar "lo que sea" a precios cómodos (para el cliente) que si tienes treinta y ocho doctorados, premios, años de experiencia, etcétera.

Para calcular un precio adecuado por tu trabajo necesitas, primero, saber cuánto te cuesta a ti. Thoreau decía que el precio de una cosa es la cantidad de vida que intercambias por ella. Pero, ¿cómo mides la cantidad de vida? En mi caso para seguir este lineamiento considero (siempre en la medida de lo posible, porque no estoy tan superada como Henry D. y además a él Emerson le prestó el terreno para su cabaña, en cambio mi bungalow debo pagarlo yo, que no tengo amigos filósofos millonarios):

Qué tan feliz me hace el proyecto: algunos artículos, por ejemplo, son un pago en sí mismos. Leer e investigar sobre el tema mejora mi vida y me entusiasma.

El tiempo que me lleve hacerlo, y mi capacidad de fluidez con el tema, su complejidad y el desgaste-stress que lo acompañen.

¿Me da prestigio? ¿Al contrario? ¿Es equis? ¿Me acerca a mis objetivos a largo plazo?

Pero, además del plano filosófico y emocional del asunto es necesario tener en cuenta el práctico: esto es, hacer números. Una fórmula que dan los expertos es sumar tus gastos básicos de subsistencia (lo que te cuesta tu techo, tu comida, los servicios que pagas, tu seguro médico y de retiro y también tu ahorro) más un porcentaje de ganancia (limitado por el mercado, es decir, por lo que se pague habitualmente por ese producto o servicio según la oferta y la demanda).

HAZ LA CUENTA:

Gastos básicos de supervivencia (comida, techo, luz, gas, agua) + seguros + ahorros por el tiempo que te lleva hacer el trabajo= x

Ahora suma a x el mejor porcentaje de ganancias que puedas tener.

Otra guía posible:

Lo que ganarías haciendo ese trabajo al mes si estuvieras a una oficina que te pagara bien = x

El tiempo que te lleva hacerlo = por ejemplo, siete días.

X / 30 X 7= TU PRECIO MÍNIMO.

Sin embargo, no deberías decirle al cliente cuanto tiempo te llevó hacer algo (puede ser que seas un genio de la velocidad y resuelvas algo antes que muchos, mejor para ti). Cobra por la complejidad del proyecto.

Muchos trabajos de servicio no piden una cotización sino que tienen un presupuesto. En tus manos estará aceptar si te convienen por costo-beneficio. Los expertos en negocios señalan que el precio es el elemento en el que no hay que competir, no te hagas conocido por ser "más barato" sino por brindar algo de muy buena calidad, en buen tiempo y forma. El precio no es solo una cuestión de lana, sino de prestigio y los mejores clientes no se fijan en los profesionales más baratos.

"NO COBRES POR LO QUE HACES SINO POR LO QUE SABES"

¿CUÁNDO DECIR QUE NO A UN ENCARGO O PROYECTO?

Decir que no está mal visto entre los temerosos de la incertidumbre y profetas de la escasez.

Si dices que no, no te volverán a llamar (puede ser). Si dices que no y luego nadie te pide nada morirás de hambre a la orilla de un paisaje apocalíptico y helado como SPOILER Viggo Mortensen en *The road* (poco probable). Mi propuesta es que (otra vez, en la medida de lo posible) al decir que no a algún encargo el camino, el tiempo y la energía para hacer proyectos que sí desees y que te acerquen a tus metas. Por ejemplo, si eres ilustrador y quieres ilustrar un libro, obtener los trabajos que vayan con tu estilo y no aquellos por encargo que no te encanten o que de plano odies.

Puede que en un momento determinado tu prioridad sea el dinero o que realmente no tengas un estilo ni quieras tenerlo, por lo que todo lo dignamente pagado será bienvenido.

En muchas ocasiones "maquilé" cosas que no eran necesariamente de mi interés pero me permitieron viajar, pagar cosas necesarias, etcétera.

En general, para decir no, me guío también por experiencia e intuición. Si una empresa en repetidas ocasiones se atrasa en los pagos más de lo aceptable y no me avisa ni se disculpa, digo que no, porque es probable que vuelva a comportarse de esa manera y me quita tiempo que podría usar con clientes mejores. Si un sistema de pagos no me conviene, salvo que el proyecto me guste por alguna razón personal o me de prestigio, digo que no, por lo mismo Si no es algo de mi interés exacto pero me ofrece una buena recompensa que me servirá para estar más tranquila y financiar cosas que sí me interesan, digo que sí.

DE PLANO (SUBRAYA ESTO)

NO TRABAJES NUNCA GRATIS para algo que a otra persona/ empresa le dé dinero. Mucha gente que conozco suele aprovecharse de los jóvenes profesionales inexpertos. Con tono de "te estoy haciendo favor" te dicen "te daremos exposición o difusión" y se ahorran un empleado. Resultado: ellos tomando tragos coquetos e instagrameándolos, tú en un microbús atestado de gente volviendo a tu casa a cualquier hora sin lana ni para un taco. DON´T. Si alguien requiere de servicios de recién graduados o trainees, deberá pagarlos, aunque sea el pago mínimo.

» Si el pago es más bajo (o mucho más tarde) de lo que necesitas yo recomendaría no aceptar más bien por una cuestión de justicia. En algún lugar leí: Si el cliente no está dispuesto a darte lo mínimo para que tengas techo y comida ¿por qué deberías trabajar para él?

» Pregúntate con sinceridad qué número te hace sentir valioso (obvio que dentro de los parámetros realistas de lo que se pague por esos trabajos), un precio que te haga sentir satisfecho, con ganas de levantarte en la mañana a trabajar de buen humor, promédialo con el número que necesitas para pagar tus cuentas y negocia con firmeza y amabilidad. Explica a tu cliente todo lo que harás para justificar tu precio, y de qué manera agregarás un valor especial al trabajo.

CAPÍTULO 6

EL FUTURO ES FREELANCE (Y YA ESTÁ AQUÍ)

Las críticas llovieron copiosamente sobre Marissa Mayer, joven esperanza al mando de Yahoo y exdirectiva de Google. Desde el popular portal Working Mother -donde la llamaron "del siglo pasado"[(1)]- hasta en varias columnas del New York Times, la ejecutiva fue blanco de respuestas enérgicas en desacuerdo a su decisión de prohibir el teletrabajo o home office en la empresa que dirige. Una de las razones expuestas por Mayer (que también se hizo famosa por no tomarse tiempo post maternidad y regresar a la oficina unos días después de parir) fue que la creatividad sucede generalmente por la interacción de los empleados en las watercooler chats (o charlas junto al garrafón). Para la mayoría de los expertos, su decisión es un extraño error, en especial para una compañía de su tipo: si la materia prima que ofreces es el software, las posibilidades infinitas de la web y los dispositivos móviles ¿No es tener que estar físicamente en un lugar para hacer un trabajo, como si fuera, digamos, 1970, un mensaje contradictorio y contraproducente? Algunos dijeron que Yahoo se encuentra en una situación de emergencia y por esto toma decisiones disparatadas y da “manotazos de ahogado”. Los números más actuales de la empresa no son muy optimistas.

Una de las figuras destacadas que salió a contradecir a Mayer fue el empresario *supercharming* Richard Branson <3, presidente de *Virgin Group*, quien resaltó en su blog su perplejidad ante la medida. Branson indicó que decisiones como esas socavan la confianza en que el personal puede hacer su trabajo sin supervisión en cualquier lugar, “Esto parece un paso atrás en una época en la que el trabajo a distancia es más fácil y más eficaz que nunca “–escribió Branson, mientras, probablemente el suave viento que soplaba en una de sus islas privadas hacía ondular su pelo dorado. “Si proporcionas la tecnología adecuada para mantenerse en contacto, y consigues el equilibrio adecuado entre el trabajo a distancia y la oficina, la gente se sentirá motivada a trabajar de manera responsable, rápida y con gran calidad. Para trabajar con éxito con otra gente, tienes que confiar en ella. A nosotros nos gusta dar a la gente la libertad de trabajar donde quiera, seguros de que tienen la experiencia para desempeñarse excelentemente, ya sea en sus escritorios o en sus cocinas”. “Yours truly”, agregó el millonario, nunca trabajó en la oficina y nunca lo hará. La vida laboral ya no es más de 9 a 5. El mundo está conectado. Las compañías que no adopten esto están perdiendo el truco.” [2]

¿A quién dará el tiempo la razón? En estas páginas, por supuesto, estamos con Branson. Y alrededor del mundo muchos están de acuerdo. **El crecimiento del trabajo**

FREELANCE ES EL CAMBIO MÁS GRANDE DESDE LA REVOLUCIÓN INDUSTRIAL. El freelanceo es signo de los tiempos, síntoma de la evolución económica que genera la hiperconectividad, el crecimiento tecnológico en lo macro o social, y la preferencia cada vez más marcada por una vida equilibrada que elige la eficacia y la satisfacción integral en lo micro o individual.

El freelancing es una flecha ascendente.
Va para arriba, y no va a bajar.

Para Sara Horowitz, –fundadora de la *Freelancers Union* en Estados Unidos– esta llamada e-conomy (la *e* puede ser de *electrónica*, de *emprendedores* o de *ecléctica*, ha dicho ella), implica que ya no trabajaremos durante 35 años en la misma compañía esperando retirarnos a la sombra de los beneficios de la seguridad social. La nueva era invita a estrenar y mezclar habilidades. Las carreras de hoy consisten en combinar diversos tipos de trabajo, hacer malabares con clientes múltiples, aprender a ser expertos en marketing y cuentas y crear en nuestras habitaciones, cafés o espacios de co-working. Horowitz, además de fundar la entidad que posibilitó el seguro médico para freelancers entre otros beneficios, indica que esta transición es una revolución: "No hemos visto un salto en la fuerza laboral en casi 100 años, cuando pasamos de una economía agrícola a una industrial".

Los empleados están dejando su lugar de trabajo tradicional y optando por una vida profesional por su cuenta [3]. Cifras que respaldan esta información ya están documentadas en varios sitios del planeta.

Estudios recientes indican que la fuerza laboral libre llegó para quedarse: la predicción es que para el fin de esta década el 50 por ciento de los trabajadores estadounidenses serán freelancers (*Mbo Partners). De acuerdo a la revista británica Freelancing Matters, en Estados Unidos en 2010 había 42.6 millones de trabajadores independientes. Canadá, por su parte, mostraba unos 2.7 millones de freelancers, Australia, 2,7, Netherlands 630 mil, y el Reino Unido 1.4 millones. Estos y otros países ya tienen leyes, impuestos y seguros "freelance-friendly": Francia tiene una nueva ley: aquellos que poseen un status de "auto-entrepreneur" y ganan menos de 32 mil euros al año pueden pagar impuestos en plazos a conveniencia. En USA la *Freelancers Union* –con unos 200 mil miembros- ofrece educación, networking, planes de retiro, y seguros de salud. Incluso el Estado de Nueva York lanzó un sistema ad-hoc que protege a quienes trabajan por su cuenta de los clientes que no pagan (i). En Canadá la *Canada Freelance Union* representa a los trabajadores freelancers en los medios de comunicación (unas 10 mil personas). Según el sitio especializado Nubelo, en países de habla hispana, ser freelance es una alternativa cada vez más clara al trabajo tradicional: un 33% lo son desde hace menos de un año, más de un 40% trabajan por su cuenta a tiempo completo y como su única fuente de ingresos. Y a pesar de los miedos, no les va mal. Más de un 70% mantuvo o aumentó sus ingresos (en 2012) pese a la crisis económica. En México existen poco más de **12 MILLONES DE PERSONAS DESEMPEÑÁNDOSE EN FORMA AUTÓNOMA** y los servicios de *outsourcing*, al menos en el ámbito tecnológico, **CRECEN A UN RITMO DEL 30%.** [4]

Todo esto, de acuerdo a las proyecciones de los analistas, no hará más que crecer. Algunos piensan que cada vez más negocios contratarán freelancers, especialmente para darle la chispa inicial a proyectos que estén empezando [5]. (Si eres un creativo o un innovador, atento con lo que ayudas a crear y cuánto te retribuyan, no sea cosa que te toquen dos pesos de lo que luego será una compañía multimillonaria o un proyecto multipremiado). James Bellini, autodenominado "futurólogo" master en Cambridge y egresado de la *London School of Economics*, asegura que en el 2020, el 80 por ciento de los trabajadores ingleses no viajarán al mismo ineficiente y subutilizado escritorio cada día. "Van a trabajar solo cuando lo necesiten, como en los viejos tiempos". Para Bellini "El futuro es de tamaño neutral". Un individuo será tan importante como una gran compañía según el valor que pueda agregar a una determinada tarea." [6]

El paradigma laboral está cambiando y aunque parte de su apariencia tenga "forma de crisis" hay consecuencias positivas detrás, siempre que se sepa cómo aprovechar y asumir los desafíos nuevos.

"La idea de estar empleado por un empleador va a cambiar" –asegura por su parte Mark Stevenson, autor de *Un viaje* optimista por el futuro. Stevenson ha creado La Liga de los Optimistas Pragmáticos (www.leagueofpragmaticoptimists.com), grupo en el cual uno de los objetivos es animar a la gente que no tiene trabajo a iniciar su propio negocio. Ahora la responsabilidad va a ser tuya, expresa Stevenson, que además sostiene que con acceso a internet se tienen a mano todas las herramientas necesarias. "Puedes cambiar el mundo con la tecnología que ya existe, porque la tecnología es la fuerza más poderosa que hay para democratizar. No digo que sea fácil. Pero si quieres cambiar el mundo no lo hagas mirando hacia el pasado, sino hacia adelante. (7)

¿Son estas predicciones aptas para el presente de México? No solo eso, sino que además son necesarias. Recientemente Verónica Baz, directora de CIDAC, *importante think tank* mexicano escribió en el diario Reforma al respecto: "Si alguien no puede generar ingresos para sí mismo, difícilmente podrá hacerlo para los demás (…) Mientras que en los Estados Unidos uno de los términos más populares es "*Brand You*" (verte a ti mismo como marca), en México seguimos hablando de empleados y desempleados, y pensando que el auto-empleo es de fracasados o personas sin estudios –expresó la especialista– La realidad de millones de mexicanos está desmintiendo esta idea, y lo hará cada vez más. Es hora de que las universidades y el gobierno abran los ojos a esta realidad. A todos nos conviene."

Todos van a ganar con el ascenso del freelancing, una vez que se entienda y establezca. Incluso el planeta. En *Remote, Office not required Jason Fried y* David Heinemeier Hansson, cofundadores de la empresa de software 37 Signals, tratan de sacudir los prejuicios de los empleadores acerca del home office y muestran el caso de IBM y su estrategia de teletrabajo. Por ejemplo: desde 1995, cuando decidió que el 40 por ciento de los empleados trabajaría desde casa, la firma redujo sus espacios de oficina y los revendió con una ganancia de 1.9 mil millones de dólares. Fried y Heinemeier calculan además que, por año estos trabajadores ahorraron unos 5 millones de galones de combustible, unas 450 mil toneladas de emisiones de dióxido de carbono.

El freelanceo es, además de todo, sostenible. El planeta te quiere freelance.

Pero si es así, entonces ¿por qué YA no es más valorado, recomendado, frecuente?

He observado como a los freelancers "se la ponen difícil" (a veces casi pareciera a propósito). En sociología en inglés se llama *backlash* a una reacción adversa hacia algo que ha ganado prominencia. El duelo de íconos rubios con el que comienza este capítulo ejemplifica la cuestión a la perfección. Los conservadores se espantan ante las libertades conquistadas por minorías o grupos con menos derechos. Los acostumbrados a roles fijos temen por su futuro, si está en sus manos hacen lo posible por poner obstáculos y difundir miedo, incertidumbre, duda. ¿Quién te elegirá como mujer si no quieres quedarte en casa lavando y planchando? Alguien le habrá dicho eso a nuestras abuelas, madres o tías que querían aventurarse a ganar su propia lana, hace solo un par de décadas. ¿Cómo sobrevivirás sin un hombre que te proteja? ¿Cómo sobrevivirás sin una corporación-quincena que te proteja?, insinúan algunos ahora mismo a los que quieren emprender su independencia.

La mayoría de las compañías aún están siendo lideradas por gente con "mentalidad de oficina" (en el peor de los casos de la peor de las oficinas, que no son todas) que quiere horarios decididos en la revolución industrial, juntas presenciales con donas al centro, post its, tazas que dicen "esta taza es de X", "hora de comer", etcétera, que miran con desconfianza tu independencia ¿cómo saben ellos que trabajaste si no te vieron hacerlo? e incluso con un poco de celos no asumidos (por las dudas) y una decisión de "venganza" indirecta ¿asumida?

La verdad es que sí da miedo. Cuando por cuestiones de la más vil burocracia te ponen mil trabas kafkianas para cobrar tu dinero, todos (o casi todos debería decir, siempre hay algún héroe con temple de acero) dudamos. Yo misma en algunos momentos duros y mientras escribía esto me replanteé si no me habría equivocado al seguir el camino del *freelancing* y si era responsable de mi parte recomendar a otros semejante "salto de fe". El asunto es que, pese al boom de los tips (y de que alguno de ellos puede ser útil) no hay recetas. Nadie puede garantizar el éxito o la felicidad ni en la autonomía ni en Wall Street. Uno puede advertir peligros, enumerar privilegios, decir cómo le fue con tal o tales estrategias, pero cada elección es individual. Sin embargo, nos decidamos o no por el trabajo independiente, el paradigma laboral está cambiando. Los números no mienten. Los puestos se abaratan, las condiciones para permanecer o ser elegido en una oficina se han vuelto más incómodas (en un abanico no tan amplio entre lo incómodo y lo humillante). Y uno puede pasarse la vida culpando al mundo por sus injusticias, adaptarse o intentar cambiar algo, participar en la creación de la realidad.

Por otra parte, lo que la gente entiende como "privilegio" también está cambiando y no será lo mismo en 20 años. YA no es lo mismo. Para cada vez más personas, el lujo verdadero no es un asunto de posesiones o marcas costosas, sino la libertad de acción. Y el tiempo. La nueva riqueza será dejar la vida diferida (trabajo durante 30 años o más y descanso cuando me retire) para vivir como se quiera –o lo mejor posible– aquí y ahora. El modelo de bienestar a seguir no será una gran oficina con un escritorio enorme y reluciente sino, por ejemplo, poder elegir libremente la ciudad (y hasta el país) donde vivir.

Ante la pregunta ¿Por qué freelanceas? (*) los participantes de una encuesta respondieron que era "importante" o "extremadamente importante":

» La flexibilidad 78%

» Controlar el propio horario 77%

» Ser su propio jefe 75%

» Hacer lo que uno ama: 75%

» El equilibrio trabajo-vida 62%

PERO ¿SERÁ REALMENTE AHORA EL MEJOR MOMENTO PARA QUE SE MANIFIESTE Y SE ELIJA ESTE CAMBIO DE PARADIGMA POR ESTAS LATITUDES?

Pese a las bondades de la globalización, es posible que aunque algunos números florezcan en el primer mundo, en México o en Latinoamérica haya algunas reticencias. Sobre todo porque hay una población amplia amante de las tradiciones la comodidad, de la obediencia y la sensación de "status" ¿? de "pertenencia" que da estar en una nómina. Pero claro, este libro no es para nuestros compañeros "Godínez" por elección, si no para aquellos que quieran, necesiten o busquen otra alternativa. Y para los que odian las oficinas.

En los períodos de formación suele haber dificultades –dice, el I Ching, famoso oráculo chino en su hexagrama 3–, *La dificultad inicial. Es como si se tratase de un parto primerizo. Tales dificultades, empero, surgen de la plenitud de aquello que se debate por lograr su forma. Todo se halla en movimiento y por eso, a pesar del peligro existente, hay perspectivas de éxito grande siempre que se persevere en procura del mismo.*

El freelancing está en pleno proceso, en pleno caos creativo, confuso pero fecundo. En *La clase creativa y Las ciudades creativas*, el profesor Richard Florida señala que "la sociedad cambia porque el cambio se desea" y estas transformaciones sociales no pasan sin que antes una gran parte de la sociedad las haya buscado. La creatividad (la capacidad de crear nuevas formas significativas, según la definición del diccionario Webster) es ahora la fuente decisiva de la ventaja competitiva. "Nunca hasta ahora habíamos valorado tanto la creatividad en el trabajo y las demás esferas de la vida, ni la habíamos cultivado con tanta intensidad" –dice Florida.

Los pasajeros de estas nuevas formas son de mundos diversos: científicos e ingenieros, arquitectos y diseñadores, maestros, músicos, financieros y emprendedores, trabajadores del ámbito legal y médico, genios de las computadoras, escritores, artesanos y artistas, y todos aquellos "que valoran la creatividad, la individualidad, la diferencia y el mérito". Florida advierte que la creatividad, el activo más preciado de la nueva economía, no se limita solamente a los miembros de una clase y quienes desempeñan trabajos en el sector servicios pueden ser creativos de maneras muy valiosas. "Creo firmemente que la clave para mejorar el destino de las personas infraasalariadas, infraempleadas y desaventajadas no reside en programas de bienestar social o en crear empleos no cualificados, ni tampoco en recuperar de algún modo los trabajos del pasado en fábricas, sino en aprovechar la creatividad de las personas, pagarles adecuadamente e integrarlas en la economía creativa" (8)

Otros llaman a este fenómeno "talentismo" (9), un nuevo régimen donde el talento es más escaso y por lo tanto más valioso que el capital. Como *freelance* en ejercicio o en potencia la clave para subirse a la ola actual es cultivar el propio talento, aprender y renovarse de manera constante. Las reglas no son fijas, sino cambiantes y siempre en expansión.

En lugar de la homogeneidad, la conformidad y el deseo de encajar que definieron la era de las organizaciones, la nueva era fomenta la individualidad, la autoexpresión y la apertura ante la diferencia. La autoestima de las personas ya no va a depender de la empresa en la que trabajen sino de cuán capaz sea cada uno de ser auténtico y reflejar en sus tareas diarias sus valores y prioridades.

Pese a que las noticias cotidianas son muchas veces terribles y parecen desmentirme, me gusta pensar que no es solo el paradigma laboral lo que está cambiando, y que existe, como dice Florida, un proceso general, "una única transformación subyacente que afecta a todas y cada una de las dimensiones de la vida". No solo cambia nuestra relación con el trabajo si no toda nuestra concepción del mundo y de nuestro lugar en él. Ser más creativo es ser más activo y más libre en todos los aspectos. Y también más responsable.

Pero la responsabilidad no debería asustarnos, creo, porque –como saben ciertos superhéroes– es la consecuencia lógica, la hermana inseparable, el reverso de la moneda, de un gran poder.

LES DESEO DE CORAZÓN INCERTIDUMBRES GENTILES, ABUNDANCIA CREATIVA, SUSTENTO NUTRICIO DE CUERPO Y ALMA, FAMA, PAZ Y FORTUNA, Y SOBRE TODO SIEMPRE ¡PAGOS A TIEMPO!

Ágata, terraza en Tepoztlán,
sol de noviembre 2015.

REFERENCIAS BIBLIOGRÁFICAS

CAPÍTULO 1:

1). Flow: Una piscología de la felicidad, Mihal Csikszentmihalyi (Kairós).

2). La fórmula de la felicidad, Stefan Klein, (Books4poket).

3). Ídem 2.

4). Estudio: Engagement at work predicts change in depression and anxiety status in the next year. Agrawal, S. & Harter, J. K. (2009). Omaha, NE: Gallup.

5). Estudio: Perception and Wellbeing: The Impact of Colour and Light, Dr Linda Jones, World Health Design. http://www.worldhealthdesign.com/Perception-And-Wellbeing.aspx

6). Artículo: Flexible Work Schedules Promote Better Health, Study Says, Occupational Health & Safety, Enero 2012 http://ohsonline.com/articles/2012/01/03/flexible-work-schedules-promote-better-health-study-says.aspx

7). Ensayo. You Weren't Meant to Have a Boss; Paul Graham http://www.paulgraham.com/boss.html

8). Estudio. Job strain, job demands, decision latitude, and risk of coronary heart disease within the Whitehall II, Journal of Epidemiology Community Health. Febrero 2003 http://www.ncbi.nlm.nih.gov/pmc/articles/PMC1732387/

9). Artículo/encuesta: Mexicanos trabajan más y sin pago extra, CNNExpansión/OCCMundial, Abril 2012 http://www.cnnexpansion.com/mi-carrera/2012/04/30/mexicanos-trabajan-mas-y-sin-pago-extra

10). Artículo: Los lunes por la mañana hay más riesgo de que sufras un infarto, diarios ABC y Corriere Della Sera Abril 2012 http://www.abc.es/20120403/sociedad/abci-riesgos-infarto-ictus-201204031137.html http://www.corriere.it/salute/cardiologia/12_aprile_03/infarto-mattino-meli_ad99f23e-7cd7-11e1-b9fa-a64885bf1529.shtml

11). Artículo/ Encuesta: Los mexicanos quieren más vacaciones.

CNNExpansión julio 2012 http://www.cnnexpansion.com/economia/2012/07/05/mexicanos-quieren-mas-vacaciones

12). Encuesta. The Millennial Survey: New Attitudes Towards Finding Jobs and Working in Today's Market.

13). Encuesta. Remote workers are happier (Cisco).

14). The Politics of Happiness: What Government Can Learn from the New Research on Well-Being, Derek Bok.

15). You Can Buy Happiness and is Cheap, Tammy Strobel.

16). Nota/Encuestas. Mexicanos trabajan más y sin pago extra, CNNExpansión, abril 2012. http://www.cnnexpansion.com/mi-carrera/2012/04/30/mexicanos-trabajan-mas-y-sin-pago-extra

17). Idem 11)

CAPÍTULO 2

1). Future Angst? Brain Scans Show Uncertainty Fuels Anxiety, Science Daily, Agosto 2009

2). http://www.sciencedaily.com/releases/2009/08/090817210207.htm

3). Nota/Estudios: In addition to physical aches, Tylenol eases 'existential uncertainty': study, Tracy Miller, Daily News, Abril 2013 http://www.nydailynews.com/life-style/health/tylenol-eases-existential-uncertainty-study-article-1.1319361

4). Estudio. Creativity and Tolerance of Ambiguity: An Empirical Study, The Journal of Creative Behavior, Diciembre 2011

5). http://onlinelibrary.wiley.com/doi/10.1002/j.2162-6057.2008.tb01080.x/abstract

6). Nota/Estudios. Reading literary fiction can lead to better decision-making, study finds, National Post, Misty Harris, Junio 2013 http://arts.nationalpost.com/2013/06/19/reading-literary-fiction-can-lead-to-an-better-decision-making-study-finds/ , Reading fiction boosts empathy, reduces discomfort with uncertainty, Misty Harris, Canada.com http://o.canada.com/2013/06/18/reading-fiction-boosts-empathy-reduces-discomfort-with-uncertainty/

7). El código del dinero, Raimon Samsó (Obelisco)

CAPÍTULO 3

8). Nota/Estudio: Money for nothing lacks satisfaction, The Age, Australia, Mayo 2004 http://www.theage.com.au/articles/2004/05/14/1084289863440.html?from=storylhs

9). Psicóloga Margarita Tarragona/entrevista personal

10). Especialista en finanzas Sofía Macías/entrevista personal.

11). Artículo. 10 Claves para tu seguro de gastos médicos mayores, somosseguros.com http://www.somosseguros.com/10-claves-para-tu-seguro-de-gastos-medicos-mayores.shtml

12). Artículo. Sácale jugo al seguro de gastos médicos, Ilse Santa Rita, CNN Expansión, Septiembre 2013. http://www.cnnexpansion.com/mi-dinero/2013/09/17/cinco-cosas-que-desconoces-de-tu-seguro

13). Los inventores de enfermedades: cómo nos convierten en pacientes Jorg Blech, (Editorial Destino)

14). Investigaciones para artículos propios, Archivo, Revista del Consumidor, Revista Joy, Crochane, Archives of Internal Medicine,Universidad de Northwestern.

BONUS TRACK 4

1). Ensayo. Master of many trades, Robert Twigger, Revista Aeon. http://aeon.co/magazine/world-views/anyone-can-learn-to-be-a-polymath/

CAPÍTULO 6

1). Columna Marissa Mayer, Flexibility Isn't the Problem at Yahoo!, Jennifer Owens, workingmother.com, feb 2013 http://www.workingmother.com/content/marissa-mayer-flexibility-isnt-problem-yahoo

2). Give people the freedom of where to work, Richard Branson Blog http://www.virgin.com/richard-branson/give-people-the-freedom-of-where-to-work

3). Nota. Freelancing expert says future lies in networking, partnerships, Donna Wares, NBCNEWS, Oct 2012 http://business.nbcnews.com/_news/2012/10/18/14344154-freelancing-expert-says-future-lies-in-networking-partnerships?lite

4). Nota. Empleos para ser tu propio jefe, Ivonne Vargas, CNNExpansión,

Mayo 2011 http://www.cnnexpansion.com/mi-carrera/2011/05/23/trabajos-para-ser-tu-propio-jefe

5). Revista. Freelancers Matters/ Noviembre 2010

6). Nota. El ser humano es la primera especie de la historia que podrá controlar su evolución, Teresa Guerrero, El Mundo, julio 2012 http://www.elmundo.es/elmundo/2012/06/27/ciencia/1340814604.html

7). Verónica Baz, Columna Diario Reforma, Agosto/2013

8). La Clase Creativa, Richard Florida (Paidos)

9). Del Capitalismo al Talentismo ,Juan Carlos Cubeiro (Alienta)

* * * * * * * * * * * * * * *

Gracias infinitas a los que dieron testimonios e inspiración para este libro, a los que todos los días confían en mí y con eso permiten que construya una vida freelance, y a los que me han rescatado cuando las olas eran algo salvajes. <3

* * * * * * * * * * * * * * *

FREELANCE,
GUÍA PRÁCTICA PARA UNA VIDA SIN OFICINAS

SE TERMINÓ DE IMPRIMIR EN DICIEMBRE DE 2015 EN GUADALAJARA, JALISCO. SE HIZO UNA EDICIÓN PARA LOS SISTEMAS ONDEMAND Y E-BOOK DE AMAZON Y SUS DISTRIBUIDORES. PARA SU DISEÑO SE USARON FUENTES LAZY ON A SUMMER AFTERNOON, DK SENSORY Y DEVINNE BT A 9-60 PUNTOS.

CUIDARON DE LA EDICIÓN: ÁGATA SZÉKELY Y JORGE DÍAZ. EL DISEÑO DE LA EDICIÓN PARA AMAZON, ASÍ COMO LA VERSIÓN E-BOOK FUE POR CUENTA DE LIBROS INVISIBLES, SERVICIOS EDITORIALES (TEL. 33 1482 2765) WWW.LIBROSINVISIBLES.COM.

TOWANDA! EDICIONES

www.ingramcontent.com/pod-product-compliance
Lightning Source LLC
Chambersburg PA
CBHW051511170526
45166CB00001B/476
9781522716488